Sebastian A. Reichert

111 Kölner Geschäfte, die man gesehen haben muss

W0052280

emons:

Für Bommel

Bibliografische Information der Deutschen Nationalbibliothek
Die Deutsche Nationalbibliothek verzeichnet diese Publikation
in der Deutschen Nationalbibliografie; detaillierte bibliografische
Daten sind im Internet über http://dnb.d-nb.de abrufbar.

© Hermann-Josef Emons Verlag
Alle Rechte vorbehalten
© der Fotografien: Sebastian A. Reichert
Gestaltung: Eva Kraskes, nach einem Konzept
von Lübbeke | Naumann | Thoben
Kartografie: Regine Spohner
Druck und Bindung: B.O.S.S Druck und Medien GmbH, Goch
Printed in Germany 2012
ISBN 978-3-95451-002-3
Originalausgabe

Unser Newsletter informiert Sie
regelmäßig über Neues von emons:
Kostenlos bestellen unter
www.emons-verlag.de

Vorwort

Wissen Sie, warum Konrad Adenauer ein Patent auf ein noch heute verkauftes Brot aus Maismehl hat, wo ein Kölner Fußball-Weltmeister von 1954 einkauft oder was Heinrich Böll mit einem Möbellagerkollektiv zu tun hat? Kennen Sie die Schuhmacher-Werkstatt, die Arnold Schwarzeneggers erste Wahl ist? Haben Sie schon mal Bärendreck aus der Apotheke probiert, bei einem Käse-Büdchen eingekauft oder unter einem historischen Muscheldach getankt? Wissen Sie, wo es den Dom aus Filz, Edelstahl oder Printenteig gibt? Was Hemingways Kapitän mit Ehrenfelder Torcedoras zu tun hat? Wo es die besten Zutaten für Halve Hahn und Sauerbraten gibt? Wer das Kölner Brett erfunden hat?

Köln ist durch seine Lage am Rhein und an der Querung bedeutender West-Ost-Straßen seit Jahrhunderten eine wichtige Handelsstadt. Die Einkaufsmeilen im Zentrum gehören heute zu den meistbesuchten Deutschlands. Einer der zentralen Gründe für viele Touristen, die Stadt zu besuchen, ist – neben Dom, Rhein, Kölsch, Karneval und 1. FC Köln – das Einkaufen. Das ergab eine Umfrage, die die Industrie- und Handelskammer in Auftrag gegeben hat.

Dieses Buch beschreibt, basierend auf der koeln.de-Serie »Einzigartig Einkaufen«, 111 im wahrsten Sinne des Wortes einzigartige Geschäfte, die wie der Dom zu Köln gehören und vor denen heute wie damals Schlange gestanden wird. Es führt zu jahrhundertealten Betrieben, die häufig noch in Familienbesitz sind. Besuchen Sie Marken, die als Marktführer von der Domstadt aus in alle Welt liefern. Lernen Sie absolute Spezialisten, Läden mit abgefahrenen Konzepten und deren mindestens genauso unterhaltsame Inhaber kennen.

111 Shoppingtipps aus einer der besten Einkaufsstädte Deutschlands – das sind 111 Geschichten über 111 einzigartige Kölner Geschäfte. Die vielleicht interessanteste – und leckerste – Art, Köln zu entdecken.

111 Orte

1 4711-Traditionshaus

Eine Kölner Duftmarke erobert die Welt

»4711 ist eine der bekanntesten Marken der Welt«, sagt Monika Hadrys. Die Leiterin des Traditionshauses in der Glockengasse begrüßt jährlich 60.000 Kunden in dem Gebäude mit den grünen und goldenen Türmchen, das nach seiner Zerstörung im Zweiten Weltkrieg 1963 neu aufgebaut wurde. Hier können sich die Besucher aus aller Welt über die Firmengeschichte informieren, das Parfüm kaufen oder in Duftseminaren ihr eigenes Eau de Cologne kreieren.

Drei Liter pures Duftwasser fließen ständig durch einen mit Gold überzogenen Brunnen im Erdgeschoss. Alle zwei Tage wird das 4711-Parfüm darin ausgetauscht; dann sind beträchtliche Mengen in dem neugotischen Gebäude verdunstet oder auf unzähligen Händen und Gesichtern nach draußen gewandert, wo zu jeder vollen Stunde von der Hausfront ein Glockenspiel mit der Marseillaise und dem Treuen Husaren erklingt.

Seinen Namen hat 4711 den Franzosen zu verdanken, die zur besseren Orientierung 1794 die Häuser durchnummerierten. Das Haus von Wilhelm Mülhens bekam die 4.710. Nummer nach dem Dom: die 4711 – seit 1875 als Marke eingetragen. Ein Mönch soll die Rezeptur am 8. Oktober 1792 Mülhens zur Hochzeit geschenkt haben – 83 Jahre, nachdem der aus Italien stammende Johann Maria Farina das »Kölnisch Wasser« erfunden hatte. Nahezu unverändert wird 4711 bis heute mit Bergamotte, Zitrone, Orange, Neroli, Petitgrain, Lavendel und Rosmarin in einem Labor in Köln nach der geheimen Mixtur hergestellt.

Ursprünglich war 4711 übrigens als »innerlich anzuwendendes« Heilmittel gedacht. Erst als Napoleon die Offenlegung aller pharmazeutischen Rezepturen verlangte, deklarierte Mülhens es als Parfüm. Für die Hersteller ist 4711 sowieso mehr als ein Duft: »Es ist ein Aroma-Therapeutikum«, erklärt Hadrys. »Es soll eingeatmet werden, damit die ätherischen Öle wirken.« Und zwar entspannend, beruhigend, entzündungshemmend, stimulierend und schmerzlindernd.

Adresse Glockengasse 4, 50667 Köln (Altstadt-Nord), Tel. 0221 / 27099910, www.glockengasse.de, E-Mail: kundenkontakt@galerie-glockengasse.de | **ÖPNV** Bahn 3, 4, 5, 16, 18, Haltestelle Appellhofplatz / Breite Straße | **Öffnungszeiten** Mo−Fr 9.30−18.30 Uhr, Sa 9.30−18 Uhr | **Bonus** Gegen Vorlage dieses Buches bekommen Sie beim Besuch im Traditionshaus in der Glockengasse einmalig einen 4711-Miniaturflakon (drei Milliliter) im Wert von 1,30 Euro geschenkt (siehe Seite 236).

2 __ 5qm-Tapeten
Schwindendes Gut von der Rolle

Es war im Jahr 1990, als Bernd Saßmannshausen eine dunkle, opulente, 30 Jahre alte Tapete in seinem Zimmer anbrachte. Seine Kommilitonen waren irritiert, Saßmannshausen seiner Zeit voraus. »Es war absehbar, dass nach der Zeit der weißen Wände Ornamente ein Revival feiern würden.«

Mit Stephan Herczeg führt der Grafikdesigner seit September 2001 ein Geschäft, in dem es 350 verschiedene Originaltapeten aus den 50er, 60er, 70er und 80er Jahren gibt. Mit einigen aktuellen Produktionen, darunter Fotomotive, bieten die Inhaber etwa 2.000 verschiedene Modelle an.

Obschon Herczeg und Saßmannshausen auch Schmuckpapier aus Japan und Notizbücher aus vielen Ländern Europas in ihr Sortiment aufgenommen haben, bilden die Tapeten den Schwerpunkt. Vor allem Vintage-Stücke – also keine nachproduzierten Retro-Tapeten, sondern Originale, die so alt sind, wie ihr Stil erahnen lässt.

Seine erste Tapete entdeckte Saßmannshausen als Student im Müll vor einem Geschäft. »Ich konnte es nicht glauben«, erzählt er. »Ihre Herstellung in der alten Hochdrucktechnik und die extreme Farbkombination in Grün-Schwarz-Gold machte die Tapete so reizvoll.« Heute werden die Inhaber bei Geschäftsauflösungen oder Händlern fündig, die sich von alten Beständen trennen. Auch Dachbodenfunde fördern in seltenen Fällen echte Schätzchen zutage. Viele Tapeten stammen aus England, Frankreich oder Italien, wo es im Gegensatz zu Deutschland laut Saßmannshausen eine »ungebrochene, kontinuierliche Tapetentradition« gibt.

Als »schwindendes Gut« bezeichnet der Grafikdesigner Tapeten, besonders Originalmodelle vergangener Jahrzehnte. Anders als bei Möbeln sei die Sache gelaufen, wenn die Tapete einmal an der Wand sei. Zuhause gönnt er sich indes auch mal eine Tapeten-Pause. Dort gibt es sowohl gemusterte Flächen als auch weiße Wände, auf denen das Auge ruhen kann.

Adresse Sankt-Apern-Straße 17–21, 50667 Köln (Altstadt-Nord), Tel. 0221/2948455, www.5qm.de, E-Mail: mail@5qm.de | **ÖPNV** Bahn 3, 4, 5, 16, 18, Haltestelle Appellhof-platz/Breite Straße | **Öffnungszeiten** Mo–Fr 12–19 Uhr, Sa 12–16 Uhr | **Bonus** Ab einem Einkaufswert von 50 Euro erhalten Sie bei 5qm-Tapeten einmalig gegen Vorlage dieses Buches einen Preisnachlass von 5 Euro (siehe Seite 236).

3 Antik & Trödel Café

Kaffee, Kuchen, Kunst und Kurioses

»Schon beim ersten Blick in unser Café schaltet man automatisch einen Gang zurück«, sagt Thomas Siomos. Der Kölner ist der Betreiber des Antik & Trödel Cafés. Es ist seit 1986 das Gegenkonzept zum hektischen Einkaufstrubel der nahen Innenstadt-Shoppingmeile. Das Besondere: Neben Kuchen verkauft Siomos auch die antiken Gegenstände, die die nostalgische Atmosphäre erzeugen. Sofas, Stühle, Lampen – selbst der Teller, auf dem der Kuchen serviert wird, ist käuflich. »Wir verkaufen alles, was nicht niet- und nagelfest ist«, erklärt Siomos, der im Sommer auch in »Kölns kleinstem Biergarten« im Hof Gäste bewirtet.

Gedämpftes Licht, Häkeldeckchen, Tiffanylampen, verschnörkelte Holzstühle, Schmuseklassik im Hintergrund und ein Stück Käsekuchen: Wer das Antik & Trödel Café betritt – lediglich etwa 100 Meter von einer der meistfrequentierten Einkaufsstraßen Europas, der Schildergasse, entfernt –, ist in der Tat gleich in einer anderen Welt. Einer Mischung aus englischem Pub und belgischem Café. »Unsere Gäste sollen sich durch das Ambiente aus vergangenen Zeiten etwas aus der Hektik zurückziehen, sich in alte Zeiten zurückversetzen können.«

Auf der kleinen Karte stehen neben (losem) Tee und Kaffee zum Beispiel Rindergeschnetzeltes mit Pfifferlingsrahm oder Zanderfilet mit Limonensoße. Während der größte Teil der Kuchen selbst gemacht ist, stammen die antiken Gegenstände aus vielen Quellen. Siomos spürt sie auf Trödelmärkten auf, oder Kunden bringen sie mit. Und so entdeckt man in dem kleinen Caféraum, auf dessen 70 Quadratmetern etwa 30 Personen gleichzeitig Platz finden, Plüschtiere, Kronleuchter, Vasen, Plattenspieler und einen alten Herd. Manchmal trällert zwischen all diesem Trödel auch das Trio Caffier »Veronika, der Lenz ist da«. Die Band hat die Fotos für ihr Album im Antik & Trödel Café aufnehmen lassen und Siomos mit der fertigen CD beschenkt.

Adresse An St. Agatha 29, 50667 Köln (Altstadt-Nord), Tel. 0221 / 2580228 | **ÖPNV** Bahn 1, 7, 9, Haltestelle Heumarkt | **Öffnungszeiten** Mo–Sa 11–21 Uhr, Nov.–April So 14–19 Uhr, Feiertage 14–19 Uhr | **Bonus** Gegen Vorlage dieses Buches schenkt Ihnen das Antik & Trödel Café bei der Bestellung eines Kaffee- oder Teegetränks einmalig ein Stück hausgemachten Kuchen (siehe Seite 236).

4__Apropos The Concept Store
Lebensgefühl Luxus auf 4.000 Quadratmetern

Mode von Gucci, Yves Saint Laurent, Prada und Dolce & Gabbana gibt es in Köln nur im Apropos The Concept Store. »Aber wir verkaufen nicht nur exklusive Mode, sondern wollen ein komplettes Lebensgefühl vermitteln«, sagt Klaus Ritzenhöfer, der das Geschäft 1984 mit Daniel Riedo gegründet hat.

Sie verkaufen auf fast 4.000 Quadratmetern in zwei direkt gegenüberliegenden Läden in der exquisiten Mittelstraße neben Mode internationaler Topdesigner auch Accessoires, Bücher, Kosmetik, Parfüm, Porzellan, Schmuck und Schuhe. Auch die ausgestellten, mitunter antiken Sessel, Spiegel und sonstigen Einrichtungsgegenstände können erstanden werden.

Der Zutritt in den Apropos The Concept Store führt durch einen langen, auffällig pink kolorierten Gang; die Inhaber bezeichnen ihn als magentafarben. »Magenta ist eine positive Farbe, die, wenn man sie trägt, auch kleidsam ist«, begründet Ritzenhöfer die Wahl. Weiter innen: Gelackter Boden, verspiegelte Wände – in diesem Ambiente präsentiert das Geschäft die neuesten Kollektionen vieler Luxus-Labels. Die Kleidung einiger Designer gibt es in Deutschland einzig bei Apropos. Direkt angeschlossen ist der 2011 eröffnete erste Gucci-Shop, in dem alle Accessoires der italienischen Modemarke erhältlich sind.

Die Firmengründer verstehen sich und ihr Geschäft als »Trendsetter mit Visionen für Lebensart am Puls der Zeit«. Wo Schlagworte wie Eleganz, Glamour, High Fashion, Lifestyle und Luxus die Geschäftsidee umreißen, gilt das Motto »Sehen und gesehen werden« – auch aufgrund des häufigen Besuchs prominenter Kunden. Die Verweildauer im Store sei lang, erklärt Ritzenhöfer. Immer wieder gebe es Neues zu entdecken. Wöchentlich werde neu dekoriert. Im Innenhof-Restaurant Fischermanns' kann man sich zum Essen oder auf einen Kaffee treffen. »Manche Kunden halten sich acht Stunden bei uns auf, verbringen ihren ganzen Samstag bei uns.«

Adresse Mittelstraße 3 und 12, 50672 Köln (Altstadt-Nord), Tel. 0221/9259730 und 0221/2725190, www.apropos-store.com, E-Mail: info@apropos-coeln.de | **ÖPNV** Bahn 1, 3, 4, 7, 9, 16, 18, Haltestelle Neumarkt | **Öffnungszeiten** Mo–Sa 10–19 Uhr

5 Arena-Tankstelle

Benzinverkauf unterm historischen Muscheldach

Die sogenannte Arena-Tankstelle nahe der namensgebenden Veranstaltungshalle in Deutz ist die älteste Tankstelle Kölns. Für seinen Besitzer ist das mit Architekturpreisen gekrönte Gebäude sogar die »schönste Tankstelle Europas«. Die Restaurierung des denkmalgeschützten Ensembles mit dem zur Straße hin ausladenden Kragdach in Muschelform hat Hidir Mak drei Millionen Euro gekostet, erzählt er.

Die Tankstelle, die heute offiziell »Esso-Station an der Kölnarena« heißt, wurde 1959 durch den Architekten Herbert Baumann für Shell gebaut. Besonders fällt das scheinbar frei schwebende muschelförmige Dach auf; mitunter wird auch die Gestalt eines Rochens als Inspiration angegeben. An einer Stahlbetonstütze befestigt, ragt die Konstruktion 12 Meter nach vorn und 19 Meter in die Breite über den weiß gekachelten Tankwartraum hinaus und bot den Kunden früher an zwei Zapfsäulen Schutz.

Trotz besonderer Architektur verfiel die seit 1973 geschlossene Tankstelle 24 Jahre lang vor sich hin. Nur der Denkmalschutz rettete sie. Dann kaufte Mak mit einem Partner 1997 das Grundstück. Dem früheren Sozialarbeiter gelang es, sich gegen 183 Mitbewerber durchzusetzen: Er war der Einzige, der die Ruine wieder als Tankstelle nutzen wollte, und bekam den Zuschlag.

18 Monate dauerte die Restaurierung unter Leitung des Architekten Walter Krause. Als eine Brückenbaufirma das Dach abstrahlte, löste sich zwischen den Stahlrippen fast alles in Sand auf. Mak ließ das Gebäude nach hinten um eine Waschstraße und eine Werkstatthalle erweitern und zwei Stahl-Glas-Dächer anfügen. Jetzt haben drei Doppel-Tanksäulen Platz.

Übrigens zeigte sich Shell laut Mak bei der Eröffnung im Jahr 2000 enttäuscht, dass die Tankstelle nun 24 Stunden am Tag Benzin der Konkurrenz unterm Muscheldach verkauft. Shell hatte auf Maks Subventionsanfrage einfach zu spät reagiert.

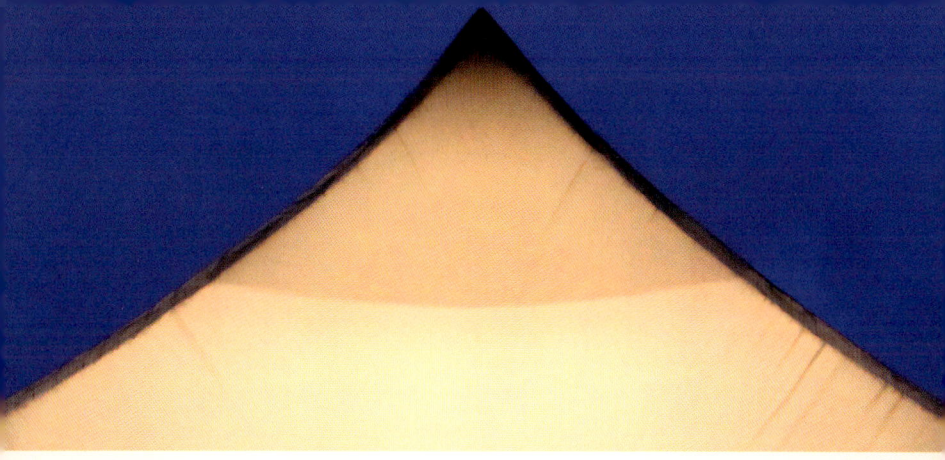

Adresse Deutz-Kalker Straße 103, 50679 Köln (Deutz), Tel. 0221 / 8008450,
E-Mail: esso.mak@web.de | **ÖPNV** Bahn 1, 9, Haltestelle Deutz-Kalker Bad | **Öffnungs-
zeiten** Mo – So 0 – 24 Uhr | **Bonus** Kunden, die bei der ältesten Tankstelle Kölns für
mindestens 50 Euro tanken, erhalten einmalig gegen Vorlage dieses Buches eine Auto-
vollwäsche im Wert von 6,99 Euro gratis (siehe Seite 236).

6 Asia Supermarkt Heng Long

Fernost fängt gleich hinter dem Aachener Weiher an

Gefrorene Hühnerfüße, Duschkabinen, 1.000-jährige Eier, frische Kurkuma-Wurzeln, Thai-Wurst, 20-Kilogramm-Säcke Duftreis, chinesische Vasen, goldene Winkekatzen und Glückwunschkarten: Bei Heng Long gibt es 6.000 verschiedene Artikel aus Fernost, Lebensmittel wie Geschenke. Mit dieser Auswahl auf elf Gängen und 1.000 Quadratmetern Verkaufsfläche ist Heng Long der größte Asia-Supermarkt Kölns und einer der größten in Deutschland.

Von Gastronomen und »Perfektes Dinner«-Kandidaten über Kochanfänger, die Rezepte aus Fernost ausprobieren möchten, bis hin zu Asiaten, die Zutaten für heimische Festmähler suchen: Die Kundschaft sei bunt gemischt, sagt Yen Tain, der im Geschäft seines Vaters als Buchhalter arbeitet. Wie zum Beleg seiner Aussage streift hinter ihm gerade Ex-Bro'sis-Sänger Giovanni Zarrella mit seinem Vater durch die Duschkabinen-Abteilung. »Die verkaufen sich ziemlich gut«, erklärt Yen Tain.

Sein Vater Sing Tain gründete das Geschäft 2001. »Damals gab es zwar einige Asia-Shops. Das waren jedoch eher Tante-Emma-Läden als Supermärkte«, erzählt der Chef.

Damit die 6.000 Artikel dauerhaft im Angebot sind, liefern Großhändler aus Deutschland, Holland und Frankreich täglich Ware an. Gemüse wird mehrmals in der Woche mit dem Flugzeug aus Asien importiert. Die Auswahl an Gambas, Venusmuscheln, Greenshell-Muscheln, Shrimps, Garnelen, Oktopus und weiteren eingefrorenen Waren ist so groß, dass sich schon der Versuch, die Tiefkühlschränke zu zählen, schwierig gestaltet. »Jedes Land hat seine eigenen Marken und Geschmacksrichtungen«, schildert Yen Tain. »Die Leute, die nach Deutschland gekommen sind, finden bei uns ihre Lieblingsmarken aus ihrer Heimat. So lindern wir ein bisschen ihr Heimweh.«

Adresse Aachener Straße 201–209, 50931 Köln (Lindenthal), Tel. 0221/2828800, www.henglong.de, E-Mail: info@henglong.de | **ÖPNV** Bahn 1, 7, Haltestelle Universitätsstraße | **Öffnungszeiten** Mo–Fr 9.30–19 Uhr, Sa 9.30–16 Uhr | **Bonus** Gegen Vorlage dieses Buches bekommen Sie einmalig bei einem Einkaufswert von mindestens 10 Euro bei Heng Long zwei Stäbchen-Bänkchen geschenkt (siehe Seite 236).

7 Australia Shopping World

Schnarchende Singles und türmende Kängurus

Krokodilfleisch, Emu-Leberwurst, Macadamia-Creme: Der Australia Shop bietet mit über 3.000 verschiedenen Artikeln europaweit die wohl meisten Produkte aus Down Under an. Inhaber Colin Truslove und sein Team verstehen sich als Dienstleister für alles, was mit Australien zu tun hat. »Wir bieten unseren Kunden ein kleines Stück Australien.« Dazu gehören auch Didgeridoo-Kurse. Das Instrument sei übrigens besonders Menschen empfohlen, die schnarchen, denn: »Didgeridoo-Spielen stärkt das Zwerchfell.«

Neben dem Verkauf von Lebensmitteln aus seiner Heimat gibt Truslove Tipps zu Australien-Reisen und ist von der Einwanderungsbehörde sogar dazu autorisiert, kurzfristig Visa auszustellen. »Viele junge Deutsche fliegen für ein oder zwei Jahre zum ›Work and Travel‹, Arbeiten und Reisen, nach Australien. So wächst die Gemeinde der Australien-Liebhaber.« Und die Kundschaft für seinen Laden, wo er tiefgekühlt auch Krokodil- und Emufleisch bereithält. Letzteres stammt aus deutscher Haltung. Mit der Känguru-Zucht in Deutschland habe es bis jetzt dagegen nicht so recht geklappt, erzählt der Inhaber. »Die sind immer abgehauen.« Derzeit werde deshalb ein Zuchtversuch auf einer dänischen Insel unternommen.

Sein erstes Geschäft mit Australien-Produkten eröffnete Truslove, der 1976 nach Deutschland gekommen ist und bereits während seiner Schulzeit in seiner Heimat Deutsch gelernt hat, 1993 in München. Vier Jahre später, im Juli 1997, siedelte er nach Köln über und eröffnete erneut einen Laden. Der Umzug ins Rheinland habe perfekt gepasst: »Die lockere rheinische Mentalität kommt der australischen nah.«

Wer mit über 31 Jahren zu alt für »Work and Travel« ist, keinen in Down Under gefragten Beruf gelernt hat und trotzdem dort leben möchte, dem bleibt nach Truslove noch eine Möglichkeit: eine Australierin heiraten. Die könne man auch gut in seinem Geschäft kennenlernen.

Adresse Limburger Straße 14, 50672 Köln (Neustadt-Nord), Tel. 0221/121617, www.australiashop.com, E-Mail: koeln@australiashop.com | **ÖPNV** Bahn 3, 4, 5, 12, 15, Haltestelle Friesenplatz | **Öffnungszeiten** Mo–Fr 11–19 Uhr, Sa 11–16 Uhr | **Bonus** Ab einem Einkaufswert von mindestens 15 Euro erhalten Kunden im Australia Shop einmalig gegen Vorlage dieses Buches einen Preisnachlass von 10 Prozent (siehe Seite 236).

8 Auto Strunk

Vom Gummi-Geschäft zum ältesten Ford-Händler Kölns

Fünfeinhalb Jahre nachdem Henry Ford und Oberbürgermeister Konrad Adenauer am 2. Oktober 1930 den Grundstein für das Ford-Werk in Niehl gelegt hatten, schloss Gustav Albrecht Strunk einen Vertrag, der sich für seine ursprünglich als Gummiwaren-Vertrieb gestartete Firma langfristig äußerst positiv auswirkte: Seit dem 8. Februar 1936 ist das Unternehmen, das damals schon Autos und Motorräder anstatt Continental-Schuhsohlen verkaufte, Ford-Haupthändler. Das Autohaus Strunk ist damit ältester Kölner Vertriebspartner des Automobilherstellers, der für viele wie der Dom zur Stadt gehört.

Los ging es 1911 mit drei Beschäftigten. 75 Jahre nach dem Beginn der Ford-Partnerschaft und 100 Jahre nach der Firmengründung arbeiten im Hauptbetrieb auf der Neusser Straße heute etwa 120 Angestellte inklusive 40 Auszubildenden. 1.500 Neufahrzeuge mit dem blauen Ford-Oval – zwischenzeitlich musste es sogar auf den in Köln produzierten Wagen einem Logo mit Dom und Stadtwappen weichen – verkauft Strunk dort pro Jahr nach eigenen Angaben.

Circa 20.000 Wartungen, Inspektionen und Reparaturen führen die Mitarbeiter jährlich in dem Gebäude-Ensemble mit der fünfstöckigen Vorderfront in Ford-Blau durch.

»Als eines der ältesten Kölner Familienunternehmen fühlen wir uns der Tradition verpflichtet«, sagt Edith Strunk, Mitglied der Geschäftsleitung. Das gelte für die Qualität in der Werkstatt wie für den Umgang mit den Mitarbeitern. Die studierte Betriebswirtin leitet das Autohaus in der vierten Generation, nachdem sich ihr Vater Karl-Heinrich Strunk aus dem Tagesgeschäft zurückgezogen hat.

Werkstatt und Verkaufsräume waren bei Strunk übrigens ehemals getrennt: Während die Mechaniker bereits seit den 50er Jahren am jetzigen Standort Autos warten und reparieren, präsentierte das Unternehmen die neuesten Ford-Modelle bis zum Ende der 60er Jahre in einem Ausstellungssalon auf dem Hohenzollernring.

Adresse Neusser Straße 460–474, 50733 Köln (Weidenpesch), Tel. 0221/74940, www.auto-strunk.de, E-Mail: info@auto-strunk.fsoc.de | **ÖPNV** Bahn 12, 13, 15, Haltestelle Neusser Straße/Gürtel | **Öffnungszeiten** Mo–Fr 7–18 Uhr, Sa 8–13 Uhr, So 11–16 Uhr (freie Schau) | **Bonus** Gegen Vorlage dieses Buches führt das Autohaus Strunk bei Ihrem Ford einmalig nach einer Termin-Vereinbarung kostenlos einen Urlaubs-check im Wert von 15 Euro durch. Dabei werden alle wichtigen Fahrzeugbestandteile auf Zustand und Funktion geprüft (siehe Seite 236).

9 Bäckerei Balkhausen

Konrad Adenauer und sein Kölner Notzeitbrot

Am 2. Mai 1915 bekam Konrad Adenauer vom Kaiserlichen Patentamt das Patent (Nummer 296648) auf das von ihm entwickelte »Verfahren zur Herstellung eines dem rheinischen Roggenschwarzbrot ähnelnden Schrotbrotes«.

Als Erster Beigeordneter der Stadt war der spätere Oberbürgermeister der Domstadt und Bundeskanzler, der auch eine Sojawurst erfand, für die Lebensmittelversorgung verantwortlich. »Roggen und Weizen waren zu Zeiten des Ersten Weltkriegs knapp. Adenauer suchte mit den Bäckermeister-Brüdern Jean und Josef Oebel eine Alternative, um die Kölner satt zu bekommen, und erfand mit der Bäckerinnung ein Brot auf Maismehlbasis, das sättigt und aus Rohstoffen hergestellt wird, die nicht rationiert waren«, erklärt Gerhard Balkhausen, wie das sogenannte »Kölner Brot«, »Notzeit- oder Kriegsbrot« entstanden ist.

Die Kölner waren aber zunächst nicht begeistert, bezeichneten das Produkt aus Mais, Reis und Gerste als »Viehfutter«.

Heute verkauft Balkhausen nach eigener Angabe als einzige Kölner Bäckerei das »Adenauer-Brot«.

Entsprechend dem Patent wurde das Maismehl zuerst geröstet – der entscheidende Trick, damit das Brot nicht auseinanderfiel. Nach dem Originalrezept könne man es heute nicht mehr anbieten, da es schnell fad und trocken schmecke. Der Konditormeister und sein Vorgänger Karl Heidelmeier wandelten deshalb das Rezept ab. »Statt Maismehl verwenden wir Maiskörner«, erklärt der Inhaber der von Karl Göppel gegründeten Bäckerei. Dort ist das Adenauer-Brot mit seinen gelb leuchtenden Maiskörnern, die aus den Laiben herausragen, nur einer der Stars in den Holzregalen: Vollkornbrottüftler Balkhausen bietet 80 weitere Sorten an.

Während Adenauers Erfindung Köln vor einer Hungersnot rettete, bewahrt die Bäckerei Balkhausen die Stadt heute vor der Brotsorten-Monotonie.

Adresse Apostelnstraße 27, 50667 Köln (Altstadt-Nord), Tel. 0221 / 2570264 | **ÖPNV** Bahn 1, 3, 4, 7, 9, 16, 18, Haltestelle Neumarkt | **Öffnungszeiten** Mo–Mi, Fr 6.30–19 Uhr, Do 6.30–20 Uhr, Sa 6.30–18 Uhr | **Bonus** Gegen Vorlage dieses Buches erhalten Sie in der Bäckerei Balkhausen einmalig ein Adenauer-Brot zum vergünstigten Preis von 1,50 Euro statt regulär 2,90 Euro (siehe Seite 236).

10 Bäckerei Zimmermann

Kölns beliebtes kleines Schwarzes

Roggen, Schrot, Sauerteig, Wasser und Salz – das sind die wesentlichen Zutaten, die die Bäckerei Zimmermann zur Herstellung des bekanntesten Schwarzbrots Kölns verwendet.

Ob zu Muscheln rheinischer Art oder nur mit Butter bestrichen zum Kölsch – die Kölner wissen die herzhaft-würzige Brotdelikatesse seit Jahrzehnten zu schätzen und stehen dafür regelmäßig Schlange vor der Bäckerei, die sich auf noch erhaltenen Fundamenten der Stadtmauer befindet.

Ein leichter Geruch von Sauerteig liegt im Verkaufsraum in der Luft. »Zwei Schwarzbrote, bitte.« »Darf es sonst noch was sein?« »Ja, bitte noch …« Dieser Dialog wiederholt sich in fünf Minuten sieben-, achtmal. »Wir verkaufen täglich etwa 150 Schwarzbrote«, erklärt Andreas Zimmermann in der Backstube, während er Hörnchen formt. Bei Mindestabnahme von zehn Pfund schicken die Bäcker ihre Laibe sogar auch per Post zu den Kunden.

Verkauft wird Kölns beliebtes kleines Schwarzes in Silberpapier eingewickelt und stets geschnitten. Zu fest sei es für das Schneiden daheim.

1875 gründete Caspar Zimmermann, der Ururgroßvater der heutigen Inhaber Markus und Andreas Zimmermann, die Bäckerei in der Ehrenstraße. Inzwischen beschäftigt das Unternehmen 17 Angestellte. Obwohl die Zimmermanns viele (auch koschere) Brot- und Brötchensorten anbieten, ist doch das Schwarzbrot seit jeher Aushängeschild. Es ist sogar Teil einer Schokolade, die hier angeboten wird, und Sternekoch Vincent Moissonnier adelte die dunklen Laibe, indem er sie als Zutat seiner Gerichte auswies.

Entsprechend überzeugt ist Zimmermann von seinem Schwarzbrot. »Wir verwenden keinen Zuckersirup, um es dunkel zu machen. Deshalb ist es auch für Diabetiker geeignet.« Keine Aromen werden beigesetzt, keine Farbstoffe. »Unser Brot ist schwarz, weil wir den Roggen vor dem Backen rösten.«

Adresse Ehrenstraße 75, 50672 Köln (Altstadt-Nord), Tel. 0221/255632, www.baeckereizimmermann.de, E-Mail: zimmermann@koeln.de | ÖPNV Bahn 3, 4, 5, 12, 15, Haltestelle Friesenplatz | Öffnungszeiten Mo–Fr 6–19 Uhr, Sa 6–16 Uhr | Bonus Gegen Vorlage dieses Buches schenkt Ihnen die Bäckerei Zimmermann zum Probieren einmalig 250 Gramm Schwarzbrot (siehe Seite 236).

11__Balloni

Deko-Ideen aus der Ehrenfelder Trendfabrik

Begonnen hat es Mitte der 80er Jahre mit der Idee zweier Philosophie- und Theaterwissenschaftsstudenten um einen kleinen roten Luftballon. Wilhelm Blume und Sybille Hartung waren zur Finanzierung ihres Studiums auf der Suche nach einem Geschäftsmodell ohne große Investitionen – dafür aber mit viel Kreativität und Inspiration.

Mittlerweile hat sich Balloni zu einer Firma mit 70 Angestellten und acht Auszubildenden entwickelt und ist *der* Trendspezialist in Sachen Dekorationen, Geschenke und Events. »Wir verkaufen Stimmung, Atmosphäre und Ideen«, sagt Geschäftsführerin Hartung, die Balloni seit 1984 mit Blume leitet.

Im Shop in einer alten Fabrikhalle am Ehrenfelder Bahnhof finden Kunden auf 600 Quadratmetern Stoffe, Ballons, Leuchter, Glas, Papier. Die Geschäftsführer »kombinieren Einzelstücke bekannter Kollektionen mit unbekannten Labels zu überraschenden Sortimenten«. Sechsmal im Jahr – zum Frühling, Sommer, Herbst, Winter, zu Karneval und zu Spezialthemen – wird die Halle komplett umdekoriert. »Wir besuchen extrem viele Messen – von Birmingham bis Paris«, erläutert Hartung, wo die neuen Ideen herkommen.

Der Shop existiert in der heutigen Form seit 1993. Die meisten Angestellten arbeiten allerdings nicht dort, sondern in etwas außerhalb liegenden Werkstätten, wo sie an neuen Deko-Trends tüfteln. Dort werden auch Möbel und Lampen selbst entworfen. Ein Hauptgeschäftszweig ist die Planung und Gestaltung von Veranstaltungen (wie der Preisverleihung der Goldenen Kamera), Messen, Tagungen, Präsentationen und Festen. Auch die Balloni-Hallen selbst können für Feiern und Tagungen gemietet werden.

Und selbst nach über 25 Jahren hat der Verkauf von Ballons laut Hartung noch eine große Bedeutung für das Geschäft: »Zu Karneval ist das sehr wichtig. Aus Köln und dem Umland kommen die Leute zu uns, um Ballons samt Heliumflasche für Feiern zu holen.«

Adresse Ehrenfeldgürtel 88–94, 50823 Köln (Ehrenfeld), Tel. 0221/510910, www.balloni.de, E-Mail: info@balloni.de | **ÖPNV** Bahn 3, 4, 13, Venloer Straße/Gürtel; S-Bahn S12, S13, Haltestelle Köln-Ehrenfeld | **Öffnungszeiten** Mo–Fr 9.30–19 Uhr, Sa 9.30–17 Uhr | **Bonus** Gegen Vorlage dieses Buches erhalten Sie bei Balloni einmalig einen Preisnachlass von 10 Prozent auf Ihren Einkauf, ausgenommen sind Heliumflaschen und Bücher (siehe Seite 236).

12 Bärendreck-Apotheke

Schwarzes Gold, rezeptfrei

»Uns kommen keine Produkte über die Schwelle, die nichts mit Lakritz zu tun haben«, ist der Grundsatz von Marie-Nicole Di Renzo, Inhaberin der Bärendreck-Apotheke am Rudolfplatz. »Es muss wenigstens eine Prise drin sein.« Ob reine Süßholzwurzel, Drops, Rasierwasser oder Spaghetti mit drei Prozent des »schwarzen Goldes« – über 600 verschiedene Lakritzartikel aus 20 Ländern bieten Di Renzo und Mitinhaber Sascha Eversberg an. Aus Italien stammt zum Beispiel eine Lakritzzahnpasta.

In einem Dänemark-Urlaub entdeckten Di Renzo und Eversberg, wie viele Lakritzprodukte es gibt, die in Deutschland kaum erhältlich sind. So kam es zu der Idee, in ihrer Heimatstadt ein Fachgeschäft für die Produkte aus der Süßholzwurzel zu eröffnen. Anfang 2006 fingen die Kölner mit einem Onlineshop an, kurze Zeit später eröffneten sie den Laden.

Früher konnte man Lakritz, das auch als »Bärendreck« bezeichnet wurde, nur in der Apotheke kaufen. »Deshalb haben wir unser Geschäft ›Bärendreck-Apotheke‹ genannt.« Dort können sich die Kunden Drops in Tütchen abfüllen oder Geschenke wie Parfüm oder Tabak mit Lakritzextrakt kaufen. In Köln wurde übrigens schon vor über 170 Jahren mit Bärendreck gehandelt. Franz Coblenzer hatte in der Domstadt 1842 die erste Lakritzmanufaktur Deutschlands gegründet.

Die Kundschaft ist »ein bunter Querschnitt von Jung bis Alt: viele Kinder, viele Erwachsene – und viele Herren«. Für sie suchen die »Apotheker« ständig nach weiteren Produkten. Fündig geworden sind sie zum Beispiel in Island (Schokoriegel mit Lakritz und Marzipan) und Kroatien (Lakritztoffee mit Minze, Zitrone und Karamell).

Und in der Bärendreck-Apotheke brauchen die Kunden kein Rezept. Im Gegenteil: Die Inhaber geben Rezepte mit, zum Beispiel für Marmelade und Torten. Mit mindestens einer Prise »schwarzem Gold«.

Adresse Richard-Wagner-Straße 1, 50674 Köln (Neustadt-Süd), Tel. 0221/3559954, www.baerendreck-apotheke.de, E-Mail: lakritz@baerendreck-apotheke.de | **ÖPNV** Bahn 1, 7, 12, 15, Haltestelle Rudolfplatz | **Öffnungszeiten** Di–Fr 12–18.30 Uhr, Sa 12–16.30 Uhr

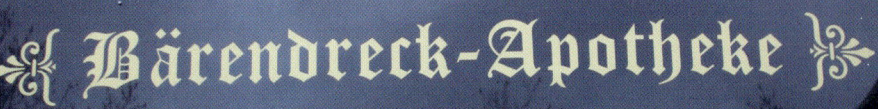

13 Besteckhaus Glaub

Für Kannibalen und Feinschmecker mit Tischkultur

Anita Glaub und Hermann Freiß führen nach eigenen Angaben das weltweit einzige Geschäft, das ausschließlich Bestecke verkauft. Etwa 500 Varianten aus Silber, Gold, Edelstahl, Horn, Perlmutt und Holz gehören zu ihrem Sortiment – darunter so kuriose Hilfsmittel wie Schneckengabeln, Maiskolben- und Hammelkeulenhalter oder sogar gebrauchte Kannibalengabeln.

Die Kunden fühlen sich beim Besuch des Eckgeschäfts mit den Nussbaumholz-Vitrinen wie auf einer Reise in die 50er Jahre. Bodo Glaub hatte das Spezialgeschäft 1950 gegründet. Beim ersten Umbau 1958 verließ sich der leidenschaftliche Besteckssammler auf das Können des 4711-Hausarchitekten Wilhelm Koep. Filmteams, die auf der Suche nach historischen Kulissen sind, schätzen die original-erhaltene Einrichtung und nutzen das Besteckhaus häufig für Dreharbeiten.

Aber nicht nur die Einrichtung, vor allem die Auswahl macht den Laden einzigartig. Für den Verzehr jedes Fleisches, Fisches und jeglicher anderer Nahrungsmittel gibt es dort quasi ein eigenes Hilfsmittel. Regelmäßig üben sich Kölner Gastronomie-Lehrlinge am vielfältigen Geschäftsinventar im Umgang mit Schneckenzangen und anderen skurril wirkenden »Werkzeugen«. »Für Demonstrationszwecke haben wir auch Schneckengehäuse im Geschäft«, erklärt Hermann Freiß, der seinen Kunden Jugendstil- und Bauhausstil-Bestecke ebenso wie moderne oder reproduzierte Stücke präsentieren kann.

Selbst wenn es eine Manufaktur nicht mehr gibt, kann das Spezialgeschäft bei der Suche nach verlorenen Besteckteilen dank seines Archivs weiterhelfen. Ansonsten können einzelne Stücke von Hand bei Hermann Freiß nachgeschmiedet werden. »Machbar ist alles. Wenn, dann scheitert es nur am Preis.« Nicht verkäuflich sind die etwa 100 Jahre alten Hartholz-Gabeln, die Kannibalen auf den Fidschi-Inseln benutzt haben sollen. Dort sei es verpönt gewesen, Menschenfleisch mit den Fingern zu essen.

Adresse Komödienstraße 107–113, 50667 Köln (Altstadt-Nord), Tel. 0221/134136, www.besteckhaus-glaub.com, E-Mail: besteckhausglaub@aol.com | **ÖPNV** Bahn 3, 4, 5, 16, 18, Haltestelle Appellhofplatz/Breite Straße | **Öffnungszeiten** Di–Fr 10–18 Uhr, Sa 10–14 Uhr, Ausstellungsraum täglich 10–21 Uhr | **Bonus** Ab einem Einkaufswert von 50 Euro erhalten Kunden im Besteckhaus Glaub einmalig gegen Vorlage dieses Buches einen Preisnachlass von 5 Euro (siehe Seite 236).

14 Bilderbuch Köln

Köln fotografiert – von 1872 bis heute

In einem Bildband stellte Wolfgang Vollmer den »Köln 5 Uhr 30«-Fotos von Chargesheimer aus dem Jahr 1970 seine eigenen, 25 Jahre später entstandenen Aufnahmen derselben Orte gegenüber. Inspiriert von diesem 1996 veröffentlichten Buch, schufen der Mediziner Frank Warda und der Informatiker Paul Sponagl 2008 eine Website, um historische Bilder Kölns mit aktuellen zu vergleichen. Aus dieser Idee entwickelte sich das größte Fotoportal Kölns.

Seit April 2010 präsentiert Bilderbuch Köln die Fotos nicht mehr nur online, sondern vermarktet diese zusätzlich über eine eigene Galerie.

»Wir haben allein 50.000 historische, teils zuvor unveröffentlichte Bilder im Bestand«, sagt Warda. »Das gibt es sonst nirgends.« Das älteste Kölner Foto darunter hat der Fotograf Theodor Creifelds etwa um 1872 aufgenommen; es zeigt den noch unvollendeten Dom. Wöchentlich wächst der Bestand laut Warda um etwa 1.000 Köln-Bilder. Das Unternehmen verfügt über die umfangreichste Sammlung von Luftaufnahmen der Domstadt, hat Hunderte Glasplattennegative und Albuminabzüge sowie ganze Archive namhafter Fotografen digitalisiert – darunter Serien der verstorbenen Fotografen Werner Mantz und Walter Dick und die Fotoarchive der GAG und des Stadtkonservators. Insgesamt sind auf der Website über 250.000 Fotos online.

Das Ziel der Verantwortlichen ist es, »künftig einmal aktuelle und historische Fotos von *allen* Gebäuden der Stadt zu zeigen«. Etwa 75 Prozent des Bildbestands können sich Kunden in der Galerie ausdrucken und rahmen lassen. In Kooperation mit dem von Frank Warda 2011 gekauften Werkladen, dem größten deutschen Einrahmungsfachbetrieb, stehen Papierabzüge, Fine-Art-Drucke, Fotos hinter Acrylglas, auf Holztafeln, Leinwand, Hartschaum- und Aluminiumplatten zur Auswahl. Bis zu 12.000 »Bilderbuch«-Bilder, so schätzt Warda, hängen mittlerweile in Kölns Wohnzimmern.

Adresse Eifelwall 46, 50674 Köln (Neustadt-Süd), Tel. 0221/99899930, www.bilderbuch-koeln.de, E-Mail: anfrage@abracus.de | **ÖPNV** Bahn 18, Haltestelle Eifelwall | **Öffnungszeiten** Mo–Fr 10–18 Uhr, Sa 10–16 Uhr | **Bonus** Gegen Vorlage dieses Buches bekommen Sie in der Galerie von Bilderbuch Köln einmalig einen Preisnachlass von 5 Euro auf Ihren Einkauf (siehe Seite 236).

15__Boulangerie Epi
Vive la France im Agnesviertel

Mehl, Salz, Hefe, Wasser: Für Heinz-Peter Otten kommen nur diese vier Zutaten in den Teig seiner Baguettes. Das Mehl liefert extra eine Mühle aus der Nähe von Paris. Zwar sei es dreimal so teuer wie übliches deutsches, aber den Unterschied schmecke man, sagt der Bäckermeister. »Die Kruste wird viel kräftiger.« Ottens Motto: Normale Bäckereien gibt es genug, seine Boulangerie will besondere französische Backkunst aus Handarbeit bieten. Die Epi-Bäcker gönnen den Teigen dementsprechend lange Ruhezeiten. Vom Mischen der Zutaten bis zum fertigen Produkt vergehen bis zu 16 Stunden.

Eigentlich sollte das Epi nach Ottens Ehefrau »Natalie« heißen, die, inspiriert von einer Frankreich-Reise, den Anstoß für das Konzept gegeben hatte. Erst eine Woche vor der Eröffnung im Oktober 2008 machte Natalie was den Namen betrifft einen Rückzieher, doch nicht bezüglich der Realisierung ihrer Idee bis ins Detail: Die Bäckerei Epi (französisch für Ähre) sieht ganz wie ihre französischen und belgischen Vorbilder aus. Der Boden des Bistrocafés ist mit dreieckigen Mosaik-Steinzeug-Fliesen aus Frankreich schwarz-weiß ausgelegt. Für die Theke hat die Architektin, eine Hochschul-Dozentin für Raumgestaltung, nach einer Inspirationsreise nach Brüssel schwarzen Granit aus Belgien gewählt. Im raumhohen Rundbogenfenster sind Baguettes gestapelt, in Körben liegen Croissants, Bateaux (Brot-Schiffchen) und Apéros (mit Roquefort).

»Außer den Salaten beziehen wir die Zutaten überwiegend direkt aus Frankreich«, erzählt Otten. Die Butter kommt beispielsweise aus dem Westen, das Olivenöl aus dem Süden des Landes. Bei den eigenen Erzeugnissen setzt Otten vor allem auf Handarbeit; die daher leicht unterschiedlich großen Brote werden vor dem Verkauf einzeln abgewogen. Eines macht Otten bei seinen drei Epi-Filialen aber anders als früher in Frankreich üblich: Der Baguette-Teig wird mit der Maschine geknetet – und nicht wie dort vor 100 Jahren in Knet-Wannen mit den Füßen.

Adresse Neusser Straße 32, 50670 Köln (Neustadt-Nord), Tel. 0221/37996656, www.epi-cologne.eu, E-Mail: kontakt@epi-cologne.eu | **ÖPNV** Bahn 5, 12, 15, 16, 18, Haltestelle Ebertplatz | **Öffnungszeiten** Mo–So 7–20 Uhr | **Bonus** Gegen Vorlage dieses Buches bekommen Sie in der Boulangerie Epi im Agnesviertel bei der Bestellung eines Bio-Café-au-Laits einmalig ein Croissant gratis dazu (siehe Seite 236).

16 Boutique Frau Kayser
Kölsche Kreativität trifft Stickerei-Tradition

In dieser Boutique treffen jahrhundertealtes Handwerk und junge kölsche Kreativität aufeinander. Inhaberin Stephanie Kayser verziert mit Fäden so ziemlich alle Textilien, die sie unter die Stickmaschine bekommt. »Ausgefallen und individuell soll es sein«, beschreibt sie ihre Produktauswahl. Im Geschäft gibt es die unterschiedlichsten Geschenke – und das nicht nur für den typischen Stickerei-Liebhaber. »Das sind alles Dinge, die mir selbst gefallen.« Sich selbst oder andere beschenken – das ist Kaysers Geschäftsmotto.

Seit ihren Anfängen 2007 sei das Sortiment stetig gewachsen, habe sich bis zur heutigen Auswahl weiterentwickelt. Stephanie Kayser ist außerdem Mitgründerin von »le bloc« und wirkt bei »Chic Belgique« mit, beides Initiativen rund um das Einkaufen im Belgischen Viertel.

Vor der Eröffnung ihrer Boutique hatte die Diplom-Designerin ein kleines Ladenlokal für ihre Arbeit als Grafikerin. Dann kam ihr die Idee, dort auch eigene Produkte zu verkaufen. Sie sah beim Surfen im Internet in einem Onlineshop zufällig gestickte »coole Motiv-Aufnäher«. Der entscheidende Moment für die Boutique-Gründung. Nachdem sich Kayser informiert hatte, wie man so etwas macht, kaufte sie sich eine Stickmaschine und legte los. »Die ersten Versuche waren nicht so toll. Ich hatte vorher noch nie eine Nähmaschine bedient.«

Mittlerweile ist das Geschäft gewachsen und die Grafikarbeit Vergangenheit. Ob »Ich zähl bis drei, dann ist hier Karneval« auf einem Babyshirt oder ein gesticktes und gerahmtes »Et kütt wie et kütt«: Etwa 40 Sprüche zum Sticken hat sie im Repertoire, wobei dieses sich ständig erweitert. Kunden haben auch die Möglichkeit, individuelle Stickwünsche in Auftrag zu geben, die sie schon am nächsten Tag abholen können. An Ideen fehlt es nie: »Man läuft mit offenen Augen durch die Gegend. Erst recht, wenn man früher als Grafikerin gearbeitet hat.«

Adresse Maastrichter Straße 40−44, 50672 Köln (Neustadt-Nord), Tel. 0221 / 8232006, www.boutique-fraukayser.de, E-Mail: boutique@fraukayser.de | **ÖPNV** Bahn 3, 4, 5, 12, 15, Haltestelle Friesenplatz | **Öffnungszeiten** Mo−Sa 12−19 Uhr | **Bonus** Gegen Vorlage dieses Buches erhalten Sie in der Boutique Frau Kayser einmalig einen Preisnachlass von 5 Euro auf ein hauseigenes Stickprodukt (siehe Seite 236).

17___BuchGourmet
Auf literarischer Koch-Weltreise

»Kochbücher aus aller Welt an einem Ort«, so beschreibt Dieter Eckel, Inhaber von BuchGourmet, das Konzept seines in Europa einzigartigen Geschäfts. Die Spezialbuchhandlung für Kochen, Essen und Trinken führt etwa 10.000 Kochbücher – darunter auch 2.000 antiquarische Exemplare. Starköche wie Dieter Müller, Nils Henkel und Juan Amador sind Stammkunden. »Auch mein Freund Eckart Witzigmann schaut immer vorbei, wenn er in Köln ist«, erzählt Eckel.

Heller Holzfußboden, weiße Decken, weiße Wände: Bei Buch-Gourmet und seinem Inhaber stehen die Kochbücher im Vordergrund. Und der Genuss. Besucher können bei einem Espresso in den Büchern lesen, die sich in sieben- bis achtstöckigen, 2,60 Meter hohen Regalen bis unter die Decke stapeln. An den über 100 Gewürz-Schnuppergläsern können sie gleich im Laden testen, wie die darin angegebenen Gewürze riechen.

Laut Eckel gebe es zwar in Europa noch einige Kochbuchläden; deren Angebot betrage aber nur ein Drittel des Sortiments seines 1987 gegründeten Ladens, der auch von den Raritäten lebt. In der 120 Quadratmeter großen Spezialbuchhandlung gibt es Kochbücher kleiner Verlage und in kleinen Auflagen, die große Buchhandlungen nicht führen oder die vergriffen sind. Auch Bücher in englischer, französischer, spanischer, italienischer und russischer Originalsprache können in der versteckten Passage erstanden werden.

Zwei Drittel der Bücher verkauft Eckel über das Internet – von Köln schickt er sie teilweise um die halbe Welt, nach Hawaii, Japan, Peru. »Essen, Trinken, Kochen – das macht das Leben erst lebenswert.« Seine persönliche Gourmet-Reise führt Eckel häufig zur persischen oder arabischen Küche. »Sehr lecker, aber leider ziemlich kalorienreich.« Das nicht nur beruflich-theoretische Interesse für die Materie sieht man Eckel, dem literarischen Gourmet-Globetrotter, an. Aber nur ein bisschen.

Adresse Hohenzollernring 16–18, 50672 Köln (Neustadt-Nord), Tel. 0221/2574072, www.buchgourmet.com, E-Mail: buchgourmet@netcologne.de | **ÖPNV** Bahn 1, 7, 12, 15, Haltestelle Rudolfplatz | **Öffnungszeiten** Mo–Sa 9–20 Uhr | **Bonus** Ab einem Einkaufswert von 50 Euro bekommen Sie gegen Vorlage dieses Buches bei BuchGourmet einmalig ein Gewürztütchen aus der Gewürzmanufaktur des Sternekochs Ingo Holland geschenkt (siehe Seite 236).

036 Cowboys & Indianer   037 Caju

18 Buchhandlung Bittner

Aus Liebe zur Literatur

Er ist Animateur, Verführer, Schauspieler, Liebhaber. Sagt er selbst über sich und seine Arbeit.

Klaus Bittner führt seit 1980 eine Buchhandlung mit den Schwerpunkten Literatur, Geisteswissenschaften und Theater. »Das sind die Themen, die mich am meisten interessieren. Und vor 30 Jahren hat eine solche Buchhandlung in Köln nicht existiert«, sagt Bittner. »Das Schöne ist, dass ich das, was ich lesend erfahren habe, an andere weitergeben darf, meine Lieblingsbücher schmackhaft machen kann.«

Große Autoren und »Animateure der Leselust« wie Paul Auster, Christa Wolf, Günter Grass, Uwe Johnson, Toni Morrison oder Imre Kertész haben bereits bei dem Buchhändler vorgelesen, der eigentlich Lehrer werden wollte und nur über einen Studentenjob bei Walther König zu seiner Passion und Profession fand.

Bittner gründete das Festival »Atlas der neuen Poesie« und das Kölner Literaturhaus mit, organisierte über 2.000 Lesungen. »Joseph Brodsky hat rezitiert, als ob es ein gregorianischer Gesang wäre – ergreifend.«

Bittner, der als »Depotbuchhändler« die kompletten Programme von ihm besonders sympathischen Verlagen präsentiert, ärgert sich über den mageren Etat des Kulturamtes (»Banausentum«) ebenso wie über »das ständige Gerede vom Untergang des Buchhandels«. 2009 stellte er deshalb den Verbund »5 plus« mit auf die Beine – »als Mutmacher für kleine unabhängige Buchhändler«. Die kooperierenden Geschäfte geben ein Magazin mit Leseempfehlungen sowie besondere Buch-Editionen heraus. Bittner liebt diese Arbeit, bei der er manchmal auch »harte Nüsse« knacken muss. Wie kürzlich bei der Bitte eines Uni-Instituts, 15 Bücher aus dem Libanon zu besorgen. Während zwei andere Buchhändler zuvor daran gescheitert waren, holte Bittner die gewünschte Ware sechs Wochen später stolz beim Zoll ab.

Adresse Albertusstraße 6, 50667 Köln (Altstadt-Nord), Tel. 0221/2574870; www.bittner-buch.de, E-Mail: bittner.buch@netcologne.de | **ÖPNV** Bahn 3, 4, 5, 12, 15, Haltestelle Friesenplatz | **Öffnungszeiten** Mo–Fr 10–19, Sa 10–18 Uhr | **Bonus** Bei einem Einkauf in der Buchhandlung Bittner erhalten Sie gegen Vorlage dieses Buches einmalig eine kleine Überraschung (siehe Seite 236).

19__ Cadenhead's Whisky Market

Fachkundig abgefüllt in Sülz

Irgendwann hat er aufgehört zu zählen. 5.000 bis 10.000 verschiedene Whisky-Sorten werden es aber sein, die er bis jetzt schon probiert hat, schätzt Markus Müller, der seit 2001 zusammen mit Gregor Nacke den »Cadenhead's Whisky Market« in Sülz betreibt. In dem etwa 60 Quadratmeter großen Geschäft bieten die beiden über 700 Whisky-Sorten an. Die wahrscheinlich größte Whisky-Auswahl der Region! Auch der Kölner Schriftsteller und Single-Malt-Fan Frank Schätzing (»Lautlos«) schwört auf die Vielfalt und Fachkenntnis, die Nacke und Müller ihren Kunden bieten. »Es gibt kein Getränk, das geschmacklich eine solche Vielfalt und Komplexität bieten kann wie Whisky«, zeigt sich Müller überzeugt. Da könne selbst Wein nicht mithalten. Whisky aus den schottischen Highlands, der wie drei weitere Sorten im Laden in Eichenfässern (»Keine Fake-Fässer, sondern echte Fässer, in denen der Whisky weiterreift«) lagert, schmecke zum Beispiel »ausgewogen, malzig und filigran, mit einer leichten Sherry-Note«. Ihr Wissen geben die Geschäftsinhaber rund 50-mal im Jahr in »abendfüllenden und illustren Tastings« weiter.

Die Idee, einen Cadenhead's-Laden in Deutschland zu eröffnen, entstand, als Nacke auf einer Schottland-Reise Kontakt zu Cadenhead knüpfte, dem wohl ältesten unabhängigen Whisky-Abfüllbetrieb, 1842 in Aberdeen gegründet. Da die Firma aus Großbritannien außerdem als Gin- und Rum-Abfüller eine lange Tradition hat, werden auch diverse Sorten dieser Spirituosen von Nacke und Müller angeboten. Dekoriert haben sie ihren Laden auf der Luxemburger Straße unter anderem mit 100 Jahre alten Whisky-Transport-Kisten. 25 Stück besitzen die beiden davon. Alle unverkäuflich. »Die wohl weltweit größte Sammlung.« Anfangs gab es mehr Anfragen nach den Holzkisten als nach dem Whisky selbst. Die Zeiten haben sich inzwischen geändert.

Adresse Luxemburger Straße 257, 50939 Köln (Sülz), Tel. 0221/2831834, www.cadenheads.de, E-Mail: info@cadenheads.de | **ÖPNV** Bahn 18, Haltestelle Arnulfstraße | **Öffnungszeiten** Mo 15–19, Di–Fr 11–14 und 15–19 Uhr, Sa 10–16 Uhr | **Bonus** Sie erhalten im Cadenhead's Whisky Market gegen Vorlage dieses Buches einmalig einen Preisnachlass von 5 Euro – einlösbar auf ein Tasting Ihrer Wahl (auch als Geschenk-Gutschein) oder auf einen Einkauf im Wert von mindestens 50 Euro (siehe Seite 236).

20__Cappelleria

Hut ab – alles Handarbeit

Im Sommer sind sie aus Palmstroh, gedrehtem Papier oder Baumwolle, im Winter aus Wolle, Kaschmir oder Filz: Gisela Weinerts handgearbeitete Hüte und Mützen. Cappelleria heißt ihr Laden in der Innenstadt, in dem sie Kopfschmuck für jede Jahreszeit und fast jeden Anlass anbietet. Nach alter Handwerkstradition entstehen die Kreationen im Düsseldorfer Atelier der Modistin Anke Rettich. Im hellen Ladengeschäft sind in Holzregalen und auf Ständern sowohl extravagante Kopfbedeckungen für besondere Anlässe als auch klassische und alltagstaugliche Hüte ausgestellt, für Allergiker gibt es sogar Entwürfe aus Kunstfaser.

Gisela Weinert ist ein gefragtes Hutmodel bei Ihren Kundinnen: Gern schauen sie, wie das jeweilige Design bei ihr aussieht. Einen Hut nach dem anderen setzt die Cappelleria-Chefin zu Demonstrationszwecken auf. »Auf Wunsch fertigen wir auch individuelle Hüte. Sie kosten nicht mehr als die sonstigen Modelle«, erklärt sie unterdessen. Mit der Kundin stimmt das Cappelleria-Team die Kopfbedeckung auf das Outfit ab: Stroh wird zum Beispiel passend gefärbt, das Einzelstück nach Maß gearbeitet. Auch Brauthüte, zum Kleid passend, können Kunden in Auftrag geben. Rund drei Wochen müssen für die Fertigung eingerechnet werden.

Neben Hüten gehören stoffbezogene Kappen, Federschmuck und handgeklöppelte Schleier zum Sortiment in der Richmodstraße. Die angebotenen Schirmkappen, Tücher, Häkel- und Stirnbänder werden im Unterschied zu den Hut-Kreationen in den Ateliers europäischer Designer gehäkelt, gestrickt oder genäht. Wenn Gisela Weinert von einem von ihnen, zum Beispiel aus Paris, zurückkommt und neue Ideen mitbringt, freuen sich ihre Stammkundinnen. Dann liegt es an ihnen, ob sie die Hüte selbst zum Beispiel beim Opernbesuch tragen oder per Luftpost verschicken – wie die Kundin, die gerade einen Hut für ihre Tochter in Amerika gekauft hat.

Adresse Neumarkt-Passage, Richmodstraße 7, 50667 Köln (Altstadt-Nord), Tel. 0221/2583281, www.cappelleria.eu, E-Mail: weinert@cappelleria.eu | **ÖPNV** Bahn 1, 3, 4, 7, 9, 16, 18, Haltestelle Neumarkt | **Öffnungszeiten** Mo–Fr 10–19 Uhr, Sa 10–18 Uhr | **Bonus** Bei einem Kauf einer Kopfbedeckung Ihrer Wahl schenkt Cappelleria Ihnen einmalig gegen Vorlage dieses Buches eine passende Hutschachtel (siehe Seite 236).

21 »Chocolat« im Schokoladenmuseum

Wo Dom und Kölsch aus Schokolade sind

Knusprige Schokoladenklassiker, ausgefallene Füllungen, Allergikertafeln und Hohlkörper in Form von Kölsch-Flaschen: Wer das Imhoff-Schokoladenmuseum besucht, verlässt es meist nicht ohne eine Tüte aus dem »Chocolat«. Das Fachgeschäft lockt mit den unterschiedlichsten Trüffeln und Schokoladen. Allein 80 verschiedene frische Pralinen werden dort hinter einer Glastheke angeboten. Chefin Brigitte Kirchhoff hat alle angebotenen Produkte selbst probiert – ein Job, um den sie wohl viele beneiden. »Das Besondere ist die Vielfalt«, beschreibt die Kölnerin das Angebot des Geschäftes, das zur Hussel-Kette gehört. Für jeden Geschmack sei etwas dabei: von Schokoladenklassikern über Varianten mit ausgefallenen Füllungen, laktosefreie Schafsmilch-Schokolade für Allergiker, Bio-Riegel mit Forelle und Gewürzmühlen mit Kakaobohnen über Bodypainting-Schokolade aus der Tube bis hin zum essbaren Peeling mit Kakaobohnen und Honig. Feinschmecker begeistern auch Tafel-Sorten wie Rosenblüte in Grappa oder weiße Schokolade mit Limone und Knallbrause.

Viele der süßen Produkte kommen laut Kirchhoff aus Deutschland. Andere aus Belgien, Frankreich, Italien oder Spanien. Kleine Chocolaterien sind ebenso vertreten wie große Traditionsmarken, darunter natürlich auch Sarotti. Von der Stollwerck-Hausmarke gibt es im Shop neben diversen Schokoartikeln Porzellantassen mit der Figur des Mohren.

Auch den Dom finden Besucher aus aller Welt nach dem Museumsrundgang in Schokolade gegossen oder eingeprägt – in weißer, brauner und dunkler Schokolade. »Die Dom-Taler werden exklusiv im Haus produziert.« Sie seien beliebte Betthupferl in Hotels. Schade, dass deren Minibars nicht mit den Kölsch-Flaschen aus Schokolade bestückt sind.

Adresse Rheinauhafen 1a, 50678 Köln (Altstadt-Süd), Tel. 0221/93188840, www.chocolat-im-schokoladenmuseum.de, E-Mail: b.kirchhoff@hussel.de | **ÖPNV** Bahn 1, 7, 9, Haltestelle Heumarkt | **Öffnungszeiten** Di–Fr 10–18 Uhr, Sa–So 11–19 Uhr | **Bonus** Der Shop im Schokoladenmuseum schenkt Ihnen einmalig gegen Vorlage dieses Buches einen Lutscher in Dom-Form aus weißer, Vollmilch- oder Zartbitterschokolade (siehe Seite 236).

22 __ Cleanicum

Frische Wäsche

»Die Waschmaschinen bleiben.« Aus dieser Auflage des Vormieters entwickelte »RockOn«, 1999 als Onlineshop gestartet, einen besonderen Laden: das Cleanicum im Belgischen Viertel.

Waschsalon-Kunden können sich dort seit 2006 die Wartezeit auf ihre frische Wäsche nicht nur mit Kaffee und Lesestoff auf einem der gemütlichen Sofas vertreiben, sondern sich währenddessen ein paar Meter weiter hinten im Laden auch gleich mit neuer Street- und Boardwear eindecken. 200 Quadratmeter groß ist allein die Verkaufsfläche im Untergeschoss, bestückt mit Snowboards, Wake- und Longboards sowie deren Zubehör. »Unsere Zielgruppe generiert sich hauptsächlich aus jungen, modebewussten Leuten zwischen 13 und 30 Jahren, die sich für die Trendsportarten Snowboarden, Skateboarden und Surfen interessieren«, erzählt Sonja Thienel vom RockOn-Team.

Im vorderen Teil des Geschäfts, eingerichtet mit 70er-Jahre-Tapeten in Orange und braunen Cordsofas, unterhalten sich zwei Männer, etwa 35 und 50 Jahre alt, über ihre neuen Musik- und Fernsehprojekte. Sie warten darauf, dass ihre Klamotten in einer der 16 silbernen Maschinen fertig gewaschen sind, während etwa zehn Meter weiter hinten Geschäftsleiter Jörg Altmann erklärt, dass die Wasch-Kunden nicht immer identisch mit denen von RockOn sind. »Der Waschsalon ist allerdings für viele ein Gag, der auch Neugierige anzieht. Von außen ist ja nicht gleich sichtbar, um was für einen Laden es sich handelt.«

Neben dem Cleanicum in der Brüsseler Straße betreibt RockOn noch einen Outletstore in der Ehrenfelder Wöhlerstraße, der in regelmäßigen Abständen samstags von 15 bis 19 Uhr bei Kölsch und Bratwurst geöffnet ist. Dann pendelt ein Shuttle-Service zwischen Outlet und Cleanicum. Dort riecht es gerade statt nach Gegrilltem nach frischer Wäsche. Eine der großen Maschinen hat bis zu 14 Kilogramm Wäsche trocken geschleudert.

Adresse Brüsseler Straße 74–76, 50672 Köln (Neustadt-Nord), Tel. 0221/8690638, www.rockon.de /cleanicum, E-Mail: info@rockon.de | **ÖPNV** Bahn 3, 4, 5, 12, 15, Haltestelle Friesenplatz | **Öffnungszeiten** Mo–Sa 8–22 Uhr | **Bonus** Ab einem Einkaufswert von 50 Euro bekommen Sie bei Cleanicum einmalig gegen Vorlage dieses Buches ein kleines Geschenk: T-Shirt, Cap oder Ähnliches (siehe Seite 236).

23___Contasbrasil

Schmuck-Verzällche aus Brasilien

»Meine Inspiration sind die Steine selbst.« Seit 2005 entwirft die in Köln lebende Brasilianerin Suzy Paula Soares Wortberg in ihrem Atelier Modeschmuck. Ob Ohrringe, Ketten, Armbänder, Anhänger, Ringe – alle Stücke sind handgemachte Unikate. Ein Großteil der verwendeten Materialien stammt aus der Heimat der Designerin, ihre Kreationen sind »entworfen mit dem Wunsch, das Lebensgefühl Brasiliens an meine Kölner Kunden weiterzugeben«.

Sie habe früh gemerkt, dass ihr Schmuck auffällt. So gründete Wortberg 2005 ihr eigenes Label. Nach der Geburt ihrer Tochter hörte sie als Ballettlehrerin auf und eröffnete 2007 ihren Laden, in dem Chita-Stoff Einrichtung und Dekoration dominiert. Die bunten Blumenmuster, die Brasiliens Landbevölkerung traditionell für festliche Kleidung verwendet und die vor einigen Jahren auch die kreative Szene für sich entdeckt hat, finden sich auf der Tapete, auf dem Sesselbezug und auf den Verpackungsbeutelchen wieder.

Neben ihren eigenen Stücken verkauft Wortberg Schmuck der Designerin Bebê de Soares und nach ihren Wünschen in Brasilien gefertigte bunte Taschen aus Leder und Stoff.

Zweimal im Jahr fliegt die studierte Sportwissenschaftlerin in ihre Heimat, um Quarz, Perlen, Edelsteine und Halbedelsteine zu besorgen. »Dort gibt es ganze Viertel, in denen Großhändler Perlen und Edelsteine verkaufen.« Entsprechend voll sind die Koffer beim Rückflug.

Ein Teil einer Wand ist mit Mosaik-Fliesen aus Kokosnuss-Schalen gefliest. In Anhänger sind bunte Stoffbändchen eingearbeitet, die in Brasilien überall auf der Straße verkauft werden – um das Handgelenk geknotet, sollen sie Glück bringen, wenn sie so lange getragen werden, bis sie abfallen. Brasilien trifft Köln. Nicht nur beim Karneval, auch beim Schmuck. Da passt der Name des Labels: »Contas« heißt auf Portugiesisch »Perle« und »du erzählst«. Und verzällt wird ja gern in Köln.

Adresse Brüsseler Straße 58, 50674 Köln (Neustadt-Nord), Tel. 0221 / 16878071, www.contasbrasil.de, E-Mail: info@contasbrasil.de | **ÖPNV** Bahn 1, 7, 12, 15, Haltestelle Rudolfplatz | **Öffnungszeiten** Di – Fr 10 – 13 und 15 – 18.30 Uhr, Sa 11 – 16 Uhr | **Bonus** Ab einem Einkaufswert von 20 Euro schenkt Suzy Wortberg Ihnen einmalig gegen Vorlage dieses Buches Ohrringe im Wert von 5 Euro (siehe Seite 236).

24__ Cool Pets Paradise

Homöopathie und Styling für coole Haustiere

Exklusive Produkte für Vierbeiner und fachkundige Beratung – dafür soll das Cool Pets Paradise laut Inhaberin Candice Widhofer stehen. Bettchen, Halsketten, Mäntel, Näpfe und Halsbänder gibt es durchaus auch woanders zu kaufen, aber selten wird man dabei von einer ausgebildeten Tierheilpraktikerin beraten wie im 76 Quadratmeter großen Geschäft auf der Dürener Straße: »Ziel Nummer eins ist, dass die angebotenen Produkte wirklich gut für den Hund oder die Katze sind. Schwarze Wolljacken, wie man sie aus den 90er Jahren kennt, sind einfach nicht mehr zeitgemäß.«

Die Eigentümerin von Cool Pets Paradise, die einige der im Lindenthaler Laden angebotenen Waren auch als Großhändlerin vertreibt, bietet außerdem Behandlungen für die Zweibeiner an: von Verhaltenstherapien über die Pflege von Verletzungen bis zu OP-Nachbehandlungen. Wobei Widhofer betont, dass sie tierärztliche Betreuung nicht ersetzen wolle, sondern mit Veterinärmedizinern zusammenarbeite.

Ob Futter oder Shampoo – Bio-Artikel sind seit längerer Zeit ein Trend, und so werden im Geschäft auch homöopathische Futterzusätze und Allergiker-Hundefutter verkauft. »Viele, die sich selbst von Bio-Produkten ernähren, legen auch für ihr Tier Wert darauf.« Im Cool Pets Paradise werden all diese Produkte, die sonst teilweise nur schwer erhältlich sind, angeboten – inklusive fachkundiger Beratung.

Trotz Gesundheitsfaktor kommt bei dem 2006 gegründeten Laden auch ausgefallenes Styling nicht zu kurz. Widhofer arbeitet mit einem Sattler zusammen, der Halsbänder nach Kundenwunsch anfertigt. Design und Material können individuell ausgesucht werden. Kooperationen bestehen zudem mit Hundetrainern und -friseuren, erzählt die Inhaberin unter der rosa Markise ihres Ladens, im Hintergrund das pinke Firmenlogo. Neben ihr liegt ihr Australian Shepherd. »Kein typischer Fiffi!«, wie sie betont.

Adresse Dürener Straße 117–119, 50931 Köln (Lindenthal), Tel. 0221 / 2827032, www.coolpets.de, E-Mail: info@coolpets.de | **ÖPNV** Bahn 1, 7, Haltestelle Melaten | **Öffnungszeiten** Mo–Fr 10–12.30 und 14–18.30 Uhr, Sa 10–16 Uhr | **Bonus** Im Cool Pets Paradise erhalten Sie als kleines Dankeschön für Ihren Besuch gegen Vorlage dieses Buches einmalig ein kleines, von Candice Widhofer zusammengestelltes Tütchen mit Leckerli für Ihren Hund geschenkt (siehe Seite 236).

25 — Dedicated

Aus Hingabe zur Kunst aus der Dose

Spraydosen 1.000 verschiedener Farben, 20 Sprühkopf-Modelle: Wer im Rheinland mit Cans und Caps hantiert, kommt an Kölns einzigem Graffiti-Laden nicht vorbei: dem Dedicated im Kwartier Lateng. »Wir machen mehr, als nur Dosen zu verkaufen«, betont Inhaber Babak Soltani. »Wir vermitteln essenzielle Hip-Hop-Werte wie Peace, Unity, Love and Having Fun.« Vor dem Dosen-Regal tauscht sich seit 2004 der kölsche Nachwuchs mit Sprayer-Legenden aus. Graffiti-Maler aus der ganzen Welt toben sich genau wie Anfänger regelmäßig auf Einladung kreativ auf der Hall of Fame im Hinterhof aus.

Soltani ist überzeugt: »Wenn es mehr Stellen geben würde, wo legal gesprüht werden darf, würden die Leute im Alltag nicht nur Tags (Signaturkürzel), sondern mehr vollwertige Graffiti sehen.«

Dann würden wohl viele die Werke der Sprayer nicht mehr als Schmierereien betrachten. Sachen, die man nicht verstehe, empfinde man als Bedrohung, erklärt »babakONE«, der »Graffiti-Werte« hochhält: »Qualität vor Quantität, Bunt über Silber.« Wobei der Hip-Hop-DJ und Herausgeber eines Graffiti-Magazins einschränkt, dass auch bei noch so vielen legal zum Sprühen freigegebenen Flächen die illegalen Graffiti nicht verschwinden würden. »Alles andere sind romantische Vorstellungen. Tags sind einfach das A und O der Writing-Kultur.«

Legale oder illegale Sprüher − die zuletzt Genannten machen zwei Drittel der Kunden aus − bekommen im Dedicated auch Marker, Handschuhe, Farbkarten, Masken, DVDs, Magazine und Textilien. Die Kritik am illegalen Sprühen und dessen Unterstützung durch den Verkauf von Graffiti-Hardware kann Soltani (»Ich habe keinen Bock auf Tags an meinem Haus.«) nicht nachvollziehen. »Wir werden auch nicht gefragt, ob wir nackte Brüste auf Plakaten sehen wollen.« Der Verkäufer eines Messers könne auch nichts dafür, wenn damit jemand verletzt werde. Und: »Die Graffiti-Writer bringen letztlich nur Lack an.«

Adresse Beethovenstraße 22, 50674 Köln (Neustadt-Süd), Tel. 0221/5626969, www.dedicated-store.de, E-Mail: shop@dedicated-store.de | **ÖPNV** Bahn 9, 12, 15, Haltestelle Zülpicher Platz | **Öffnungszeiten** Mo−Fr 13−20 Uhr, Sa 13−19 Uhr | **Bonus** Ab einem Einkaufswert von 10 Euro schenkt Babak Soltani jedem Kunden einmalig gegen Vorlage dieses Buches ein »Dedicated«-T-Shirt (Preis 15 Euro) seiner Wahl (siehe Seite 236).

26__Deiters

Saison auch nach der Session

300.000 Kostüme pro Jahr verkauft Deiters nach eigenen Angaben: Damit ist der Fasteleer-Ausstatter mit der 90-jährigen Tradition nach Angaben von Herbert Geiss, der das Kölner Unternehmen in der vierten Generation leitet, Marktführer. »Und es gibt wohl auch keinen anderen Karnevals-Ausstatter, bei dem Sie direkt 300 Schottenkostüme mitnehmen können. Wir haben die größte Auswahl an Verkleidungen.« 2.000 verschiedene Kostüme liegen allein im Geschäft am Heumarkt in der Gürzenichstraße, einer der insgesamt sieben Filialen, bereit. »Direkt im Herzen des Karnevals«, wie es der Urenkel des Firmengründers ausdrückt. 2012 hat Deiters zudem das »größte Karnevalskaufhaus der Welt« gebaut. Von Marsdorf ist der Firmensitz nach Frechen umgezogen. Neben einem 3.000 Quadratmeter großen Lager gibt es dort ein zweistöckiges, 5.000 Quadratmeter großes Geschäft mit 150 Umkleidekabinen für die Jecken von nah und fern.

Den Grundstein für den Kostüm-Riesen mit etwa 150 fest angestellten Mitarbeitern legte Josef Deiters, der als Importeur von Spielwaren die Firma 1922 gründete; er verkaufte zum Beispiel Seidenblumen. Deiters übergab sein Geschäft schließlich an seinen Schwiegersohn Fritz Geiss. Der Unternehmenstradition folgend, werden noch heute eine eigene Importabteilung und ein Büro in Hongkong betrieben. Erst seit 2003 konzentriert sich Herbert Geiss unterdessen auf den Verkauf von Karnevalsartikeln, die »zu Beginn nur aufgrund unseres Standorts in Köln Bestandteil des Sortiments« waren. Als Partner des Festkomitees vertreibt die Firma zudem seit 2011 exklusiv den Mottoschal.

Für Geiss (erstes Kostüm: Cowboy) und sein Unternehmen ist übrigens auch nach der Session noch Saison. Nach Aschermittwoch folgen Ostern, Oktoberfeste, Halloween und Weihnachten sowie Motto- und Schlagerpartys, auf denen das ganze Jahr hindurch Verkleidungen gefragt sind.

Adresse Gürzenichstraße 25, 50667 Köln (Altstadt-Nord), Tel. 0221 / 2508711, www.deiters.de, E-Mail: info@deiters.de | **ÖPNV** Bahn 1, 7, 9, Haltestelle Heumarkt | **Öffnungszeiten** Mo – Fr 10 – 19 Uhr, Sa 10 – 18 Uhr (Neujahr bis Aschermittwoch Mo – Sa 10 – 20 Uhr) | **Bonus** Gegen Vorlage dieses Buches schenkt Ihnen Deiters in einer Filiale nach Wahl einmalig eine Schaumstoff-Clownnase. Ab einem Einkaufswert von 50 Euro gibt es zudem einmalig jecke 11 Prozent Rabatt (siehe Seite 236).

27 — Delikatessen Hoss an der Oper

Feinschmecker aus Leidenschaft seit 1900

Wallfahrtsort für Feinschmecker, Gourmettempel: zwei Umschreibungen für Delikatessen Hoss an der Oper. Zu Recht: Das von Petra Hoss-Müller in vierter Generation geführte Familiengeschäft zählt zu Kölns ersten Adressen in Sachen Delikatessen. Ob Suppen, Vorspeisen, Salate, Pasteten, Terrinen, Fleisch- oder Fischgerichte, Beilagen, vegetarische Speisen, Desserts, Kuchen und Tiefkühlgerichte – »wir produzieren alles selbst«.

Joseph Hoss gründete das Geschäft im Jahr 1900 als kleinen Kolonialwarenladen in der Maastrichter Straße. »Bis zum Delikatessengeschäft mit großem Eigenproduktionsanteil war es ein langer Weg«, blickt seine Urenkelin und heutige Geschäftsführerin zurück. Der Anteil der in der eigenen Küche selbst hergestellten Speisen sei stetig erhöht worden, sagt Hoss-Müller, die 1995 die Firma von ihren Eltern übernommen hat. »Essen und Trinken aus Leidenschaft und als Genuss erleben – das war schon immer unser Motto.«

Sie schwärmt von Leckereien, die man nur in ihrem Laden, der sich seit 1960 auf der Breite Straße befindet, bekommt. »Salate gibt es woanders meist nur als Fertigprodukte zu kaufen. Bei uns werden kleine Mengen handwerklich hergestellt.« Wolfsbarschfilet mit Estragon-Soufflé-Haube in Champagnersauce oder Kölsches Krüstchengulasch: Auch Tiefgekühltes ist ausschließlich hausgemacht. Sieben Köche produzieren die eingefrorenen und frischen Delikatessen in dem Geschäft 200 Meter von der Oper entfernt täglich.

Neben wöchentlich abwechselnden Gerichten mit besonderen Aktionen zu Ostern, Weihnachten und Silvester werden in dem Geschäft mit integriertem Bestell-, Liefer- und Partyservice auch die Liebhaber ausgefallener Weine und internationaler Käse-, Wurst- und Schinkensorten fündig. »Wir können uns mit jedem Feinschmeckerrestaurant messen«, ist Petra Hoss-Müller überzeugt.

Adresse Breite Straße 25–27, 50667 Köln (Altstadt-Nord), Tel. 0221/2577393, www.hoss-delikatessen.de, E-Mail: info@hoss-delikatessen.de | **ÖPNV** Bahn 3, 4, 5, 16, 18, Haltestelle Appellhofplatz/Breite Straße | **Öffnungszeiten** Di, Mi 9.30–18.30 Uhr, Do, Fr 9.30–19 Uhr, Sa 9–16 Uhr | **Bonus** Ab einem Einkaufswert von 50 Euro erhalten Kunden von Hoss Delikatessen einmalig gegen Vorlage dieses Buches einen Preisnachlass von 5 Euro (siehe Seite 236).

28__Droom

Kölscher Traum trifft Wohndesign

Fast jeder hat Couch, Tisch und Stühle zu Hause – die Grundausstattung. So lautet eine Annahme im Geschäftskonzept von Droom. Ann Karnstedt, die das Designlabel mit Katja Schüssler 2010 im Belgischen Viertel gegründet hat, ist überzeugt: »Mit unseren Designobjekten kann jeder seiner Wohnung mit nur kleinen Handgriffen eine individuelle Note geben.«

»Design Your Room« ist der passende Zusatz zum Firmennamen. Ob Beistelltische, Hocker, Leuchten, Raumteiler, Sitzelemente, Bilder und Tapeten – die Artikel werden individuell in hochwertigem Digitaldruck mit verschiedenen von Designern entworfenen Mustern oder mit Motiven der Kunden bedruckt. »Jedes Stück ist ein Unikat. Unsere Produkte sind Ausdruck eines Lebensgefühls: Sie sind unkompliziert und wandelbar – genau das, was man für modernes Leben und Arbeiten mit schnellen Veränderungen braucht.« Ein Jahr lang haben Karnstedt und Schüssler vor der Geschäftsgründung recherchiert und Kollektionen entwickelt. Dabei ist den beiden ausgefallenes Design (»Das 500. Rosenmotiv ist nicht so unser Ding«) und Hochwertigkeit wichtig. Zu wenig überzeugt sind sie von einfallslosen, massenhaft produzierten Wohnaccessoires. »Besucher unseres Showrooms verstehen mitunter zunächst nicht, dass zum Beispiel eine Lampe individuell bedruckt und nicht mit einem schon fertigen Stoff bezogen worden ist.«

Für das »Hof 18«-Restaurant von Früh am Dom haben Karnstedt und Schüssler sechs Filz-Kronleuchter nach den Entwürfen des Büros für Innenarchitektur Beate Wild mitrealisiert – illuminiert mit unzähligen kettenförmig angeordneten LEDs. Die Theke in der benachbarten »Hof 18«-Bar wird von acht mit bedrucktem Stoff bespannten Leuchtkästen ins rechte, dimmbare Licht gesetzt. Für das Motiv hat das Droom-Team die Decke im Brauhaus abfotografieren lassen: Kölsch trifft dort auf Möbeldesign. Nach dem Motto »Lövv denge Droom«.

Adresse Brüsseler Straße 79, 50672 Köln (Neustadt-Nord), Tel. 0221 / 80006550, www.droom.de, E-Mail: info@droom.de | **ÖPNV** Bahn 3, 4, 5, 12, 15, Haltestelle Friesenplatz | **Öffnungszeiten** Di–Fr 11–19 Uhr, Sa 12–16 Uhr | **Bonus** Ab einem Einkaufswert von 50 Euro erhalten Kunden bei Droom einmalig gegen Vorlage dieses Buches einen Preisnachlass von 5 Euro (siehe Seite 236).

29 Eier- und Käse-König

Das Käse-Büdchen am Chlodwigplatz

100 Käsesorten auf neun Quadratmetern: Özcan Sisman ist der »Eier- und Käse-König«. So hat er jedenfalls seinen Laden am Clodwigplatz genannt – das wohl kleinste Käse-Geschäft Kölns. Vor allem am späten Samstagvormittag stehen Fans der Kuh-, Ziegen- und Schafsmilch-Erzeugnisse Schlange vor Sismans Kiosk.

Seine Kunden bedient er in dem ehemaligen Büdchen durch eine Fensterdurchreiche. Drinnen wäre auch kein Platz für Besucher: Während im hinteren kleinen Raum zehn Kühlschränke für Käse und Rollenbutter stehen, lagern in dem ersten Mini-Raum neben zig Käsesorten auch Eier in drei Größen in den Regalen. Spätestens 48 Stunden nachdem die Hühner in Bodenhaltung diese auf dem Hof von Jürgen Jansen im Oberbergischen gelegt haben, liefert sie der Bauer an Sisman.

Dass es das Käse-Büdchen noch gibt, ist neben dem Inhaber auch seiner Vorgängerin zu verdanken: Christa Ossendorf hatte das Geschäft 1975 gegründet und beim Verkauf an Sisman 1998 darauf bestanden, dass weiter hauptsächlich Käse durch das Verkaufsfenster wandert. »Eigentlich wollte ich Pizza verkaufen«, blickt der gelernte Kellner Sisman zurück. Stattdessen erweiterte er das Angebot stetig. Von den 100 Sorten – darunter viele Rohmilchkäse – stammen etwa 70 aus Frankreich. »Französischer Käse ist der beste.« Seine Lieblingssorte? Ein Weinbergkäse, ein französischer Weichkäse.

Den hochwertigen, naturbelassenen Käse kann man auch mit Rinde essen. Der König kennt sich aus in seinem kleinen Käse-Reich: Er hat alle Sorten probiert und schwärmt unter der blau-weiß-roten Trikolore-Markise von lang gereiftem Brie (»Ohne Kern« – Weichkäse hat einen hellgelben bis weißen, quarkähnlichen Kern, der mit zunehmender Reifung immer kleiner wird – »schmeckt er am besten.«) oder von Comté: Der drei Jahre alte französische Rohmilchkäse ist die teuerste Sorte des Käse-Königs vom Chlodwigplatz.

Eier und Käse König

Adresse Merowingerstraße 5, 50677 Köln (Neustadt-Süd) | **ÖPNV** Bahn 15, 16, Halte-stelle Chlodwigplatz | **Öffnungszeiten** Di–Fr 9–18.30 Uhr, Sa 9–15 Uhr | **Bonus** Ab einem Einkaufswert von 20 Euro gewährt Ihnen Özcan Sisman einmalig gegen Vorlage dieses Buches einen Preisnachlass von 2 Euro. Ebenfalls gegen Vorlage dieses Buches erhalten Sie zudem einmalig Eiernudeln (500 Gramm) von Bauer Jansen zum vergünstigten Preis von 1,50 Euro statt regulär 2,50 Euro (siehe Seite 236).

Alter gouda	Abzg i.T.	2.50	Trioler Bergbauern K.	2.50
Mittelälter gouda	Abzg i.T.	1.80	Öst. Bauern Käse	2.50
Junger gouda	Abzg.T	1.60	Bayrische-Pfaffk.	2.50
Leerdammer	Abzg i.T.	2.20	Brie-Präsdorf	2.20
Edamer	Abzg i.T.	1.60	Gorgonzola	2.30
Knoblauch Käse	Abzg i.T.	1.90	Tilsiter	2.30
Brennessel Käse	Abzg i.T.	1.90	Greyezer Höhlen K.	2.30
Kümmel Käse	Abzg i.T.	1.90	Sant Argur	Abzg i.T.	2.40
Senf Körner Käse	Abzg i.T.	1.90	Manschego	2.40
Tomaten-Oliven Käse	Abzg.T	1.90	Pecerino i.T.	2.40
Passendale	Abzg i.T.	2.30	Pecerino	2.50

30 __ Emmaus

Rekord-Secondhand für gute Zwecke

An 40 Rondellen hängen Bügel mit verschiedensten Kleidungsstücken. Mit einer Fläche von 1.500 Quadratmetern bietet Emmaus eines der größten Secondhandangebote Kölns. Verkauft werden in den Räumen im Kölner Norden auf der Geestemünder Straße 42, wo die Gemeinschaft seit 1997 ihren Sitz hat, Möbel, Textilien, Bücher, Fahrräder, Spielzeug, Schallplatten, CDs, DVDs und Elektrogeräte. Mit einem Einkauf unterstützen Kunden die Beschäftigung von Arbeitslosen, und nach Deckung der Betriebskosten gehen die Einnahmen zu 100 Prozent an Hilfsprojekte, verspricht Pascale Does vom Emmaus-Team, das unter anderem die Suppenküche am Appellhofplatz unterstützt. Die Gemeinschaft, die seit 2009 Verkäufer ausbildet, sendete nach eigenen Angaben in den vergangenen Jahren Container mit jeweils bis zu 15.000 Kilogramm Kleidern im Gesamtwert von 300.000 Euro an Emmaus-Gruppen in Argentinien, Chile, Polen und der Ukraine.

Die Emmaus-Gemeinschaft geht auf den geistlichen Abbé Pierre zurück, der in Frankreich 1949 das »Centre d'Emmaüs« gründete, das sich der Arbeits- und Obdachlosenfürsorge widmete. »Wir sind keine religiöse Bewegung, keine therapeutische Einrichtung und kein Obdachlosenheim«, macht Does klar. »Wir sind einfach eine Emmaus-Gemeinschaft.« In Köln leben nach ihren Angaben etwa 20 Personen in der Gruppe, die somit krankenversichert sind und ein kleines Gehalt beziehen.

Der Ton der Leute, die auf günstige Gebrauchtwaren angewiesen sind, sei traurigerweise rauer, die Leute müder geworden, hat Does im Lauf der Jahre beobachtet. Die Arbeit von Emmaus in Köln besteht im Wesentlichen im Abholen, Sortieren und Verkaufen von Secondhand-Artikeln. »Das ist unsere Haupteinnahmequelle.« 100 Tonnen Altkleider gehen im Jahr durch die Hände der Gemeinschaft in Köln. »Wir sind von Montag bis Samstag mit einem Lastwagen und einem Transporter unterwegs.«

Adresse Geestemünder Straße 42, 50735 Köln (Niehl), Tel. 0221/9711731, www.emmaus-koeln.de, E-Mail: info@emmaus-koeln.de | **ÖPNV** Bahn 12, Haltestelle Geestemünder Straße | **Öffnungszeiten** Mo–Fr 15–18 Uhr, Sa 10–14 Uhr | **Bonus** Im Secondhand-Lager von Emmaus in Köln erhalten Sie einmalig gegen Vorlage dieses Buches ein Taschenbuch Ihrer Wahl gratis (siehe Seite 237).

31___English Shop

Die britische Einkaufs-Insel am Rhein

Als »Deutschlands führendes Einzelhandelsgeschäft für britische, irische und amerikanische Getränke, Lebensmittel und Geschenkartikel« beschreiben die Inhaber des English Shops ihr Geschäft in der Innenstadt. Als kleiner Kiosk 1993 gestartet, bietet der Laden mittlerweile etwa 4.000 Produkte aus dem englischsprachigen Ausland an. Die größte Auswahl in Deutschland. Und das mit den landesweit günstigsten Preisen, wie Geschäftsführerin Victoria Weatherall betont.

Nicht nur die große Auswahl an englischen Produkten und der Preis machen den English Shop zu einem einzigartigen Laden in Köln: Die Hälfte der etwa 20 Mitarbeiter sind englische Muttersprachler. Den Shop-Verantwortlichen ist es wichtig, dass die Angestellten die Waren wirklich kennen.

Inhaber Alexander McWhinney, ein gebürtiger Schotte, hatte in der Domstadt einst Produkte aus seiner Heimat vergeblich gesucht und gründete daher den English Shop zunächst als Büdchen, an dem er auch englische Videos verkaufte.

Ob letztlich Guinness-Bier, Salt-and-Vinegar-Chips, Cheddar-Käse, Baked Beans, Cider, Zitronen-Marmelade, englischsprachige Zeitungen, Illustrierte, Glückwunschkarten oder Literatur im Einkaufsbeutel der Kunden landen – Geschäftsführerin Weatherall nennt drei Gründe für den Einkauf im English Shop in unmittelbarer Nähe von Galeria Kaufhof: »Entweder sind es Engländer, die ihr Lieblingsprodukt aus der Heimat sonst nirgends in Deutschland bekommen, oder Deutsche, die zum Beispiel in England im Urlaub waren, oder Neugierige, die mal eine Marmelade mit einem etwas anderen Geschmack ausprobieren wollen.«

Wie gewährleisten McWhinney, Weatherall und ihr Team, dass ihnen nicht das neueste In-Produkt aus Great Britain im Sortiment fehlt? Weatherall verrät das Geheimnis: viel englischsprachiges Fernsehen gucken – und dabei vor allem viel, viel Werbung.

Adresse An St. Agatha 41, 50667 Köln (Altstadt-Nord), Tel. 0221/2578555, www.english-shop.com, E-Mail: info@english-shop.de | **ÖPNV** Bahn 1, 7, 9, Haltestelle Heumarkt | **Öffnungszeiten** Mo–Sa 10–20 Uhr | **Bonus** Ab einem Einkaufswert von 20 Euro erhalten Kunden im English Shop einmalig gegen Vorlage dieses Buches einen Preisnachlass von 2 Euro (siehe Seite 237).

32 Entlarvt
Modebloggerinnens Liebling

Er ist längst kein Geheimtipp mehr. Zeitschriften und Modeblogs bezeichnen ihn als einen der besten Secondhandläden Kölns. Die Rede ist von Entlarvt, wo es nur so von ausgefallenen Teilen wimmelt. Vor Karneval wird der Laden auf der Zülpicher Straße komplett leer geräumt, und anschließend bestücken die Inhaber die Regale und Stangen ausschließlich mit historischen Kostümen und Theatergewändern. Ein Eldorado für Jecken mit dem Wunsch nach der besonderen Verkleidung.

»Ich fahre schon mal richtig weit, wenn mich eine ältere Frau anruft und sagt, dass sie einen Kleiderschrank voll mit Klamotten aus den 60er Jahren abzugeben hat. Wir wollen schließlich schöne, alte Unikate anbieten«, erzählt Eva Unverdross, die mit ihrem Ehemann Christoph Minas das 60 Quadratmeter große Geschäft führt. »Ich hatte schon immer Spaß an Mode. Das ist eine Leidenschaft von mir.«

Vor allem junge Leute und solche, die ausgefallen aussehen wollen, gehören zu den Kunden. Auf Anfrage verleiht Eva Unverdross auch Einzelteile für Fernsehen, Film und Theater. »Nicht unbedingt Leute, die Geld sparen wollen.« Stattdessen viel zu Gast: Modebloggerinnen, die alte, besondere Sachen suchen. Denn die Bandbreite des Sortiments spricht sich nicht zuletzt auch durch die Internetempfehlungen schnell rum. »Entlarvt ist Kult«, textet ein Journalist eines Stadtmagazins.

Die Geschäftsführerin achtet darauf, dass kein Designer-Marken-Kleidungsstück zufällig und ungewollt ins Sortiment findet. Das entspräche nämlich nicht dem Konzept: Statt Markenartikeln locken hier A-Linien- und seidene Neckholder-Kleider aus den 60ern, Disco-Outfits aus den 70ern, Lederschuhe und Originalhandtaschen aus den 80ern. Ausgesuchte Einzelstücke der vergangenen Dekaden – dafür steht das Entlarvt schon seit seiner Gründung im Jahr 1994.

Adresse Zülpicher Straße 6, 50674 Köln (Neustadt-Süd), Tel. 0221 / 2406810, www.secondhand-entlarvt.de, E-Mail: entlarvt@gmx.net | **ÖPNV** Bahn 9, 12, 15, Haltestelle Zülpicher Platz | **Öffnungszeiten** Mo–Fr 11–19.30 Uhr, Sa 11–16 Uhr | **Bonus** Ab einem Einkaufswert von 50 Euro erhalten Kunden bei Entlarvt gegen Vorlage dieses Buches einmalig einen Preisnachlass von 5 Euro (siehe Seite 237).

33__Estilo Argentino

Von der Pampa auf den Grill

Was braucht man für einen echten argentinischen Grillabend? Argentinisches Rindfleisch, Quebracho-Grillkohle, Chimichurri-Sauce, Mate-Tee, Wein, Quilmes-Bier und zum Nachtisch Dulce de Leche und Alfajores. Das alles gibt es bei »Estilo Argentino«. Jedes Rind, dessen Fleisch in dem Spezialitätengeschäft am Großmarkt angeboten wird, wird von eigenen Mitarbeitern in Argentinien ausgesucht, versprechen die Inhaber.

»Fleisch aus Argentinien ist einzigartig. Es ist naturnah«, schwärmt Geschäftsführer Maximilian Andrae. »Man schmeckt, dass die Rinder ganzjährig in der Pampa grasen.« Das Fleisch wird von der Domenico Antonio Tripodi Handelsgesellschaft bezogen, die als Großhändler seit 1986 außerdem Wein und Grillkohle aus Argentinien importiert und damit andere Händler und die Gastronomie beliefert. Im »Estilo Argentino«-Ladenlokal können Kunden dagegen kleinere Mengen für den eigenen Grillabend kaufen.

Da in Argentinien das Fleisch mit anderen Schnitten zerteilt werde, sei die Beratung sehr wichtig, erklärt Andrae. »Wir identifizieren uns mit den Produkten und setzen beim Rundum-sorglos-Paket eines Tante-Emma-Ladens an.« Darunter fallen Rezepte, Weinempfehlungen und Anrufe am Samstagnachmittag von Kunden, die am Grill stehen. Andrae rät ihnen: »Am besten schmeckt es, wenn man das Fleisch, wie in der Pampa, in einem Stück mit der Fettseite zum Feuer auf den Rost legt.«

Für ein Asado-Festmahl bietet Estilo Argentino auch argentinische Weine an: 26 Malbecs von 20 Weingütern. Wer Bier vorzieht, kann Quilmes kaufen – das bekannteste Bier Argentiniens, dessen Brauerei 1888 von dem deutschen Einwanderer Otto Bemberg gegründet worden ist. Leider nur in 0,3-Liter-Export-Flaschen – und nicht in den in Argentinien üblichen Ein-Liter-Flaschen. Das ist aber, wenn man so will, der einzige Wermutstropfen, wenn man mit den Estilo-Produkten einen argentinischen Grillabend gestaltet.

Adresse Marktstraße 8, 50968 Köln (Raderberg), Tel. 0221/36790878, www.estiloargentino.com, E-Mail: info@estiloargentino.com | **ÖPNV** Bahn 16, Haltestelle Schönhauser Straße | **Öffnungszeiten** Mo–Fr 9–20 Uhr, Sa 9–16 Uhr | **Bonus** Gegen Vorlage dieses Buches erhalten Sie bei Estilo Argentino einmalig eine Flasche Black Ranch Malbec zum vergünstigten Preis von 3,45 Euro statt regulär 6,90 Euro (siehe Seite 237).

34___Farina-Haus
Die älteste Parfümfabrik der Welt

Johann Maria Farina erfand 1708 ein Duftwasser, das Napoleon und Goethe liebten. Der Italiener nannte es zu Ehren seiner neuen Heimat »Eau de Cologne« – »Kölnisch Wasser«. »Damit begann die moderne Parfümerie«, sagt der heutige Chef, der Johann Maria Farina heißt, wie in den sieben Generationen zuvor. »Der erste Duft für alle. Davor gab es nur Individualparfümerie. Wir waren die Ersten, die einen stets gleich riechenden Duft produziert haben.«

Stammsitz der weltweit ältesten Parfümfabrik ist das Farina-Haus, wo auf drei Etagen inklusive des historischen Kellers ein Museum zeigt, welche (kriminellen) Blüten die Plagiatoren getrieben haben.

Der Firmenname »Johann Maria Farina gegenüber dem Jülichs-Platz« leitet sich übrigens vom Standort des Stammhauses gegenüber dem Domizil des enthaupteten Kaufmanns Nikolaus Gülich ab. Aufgrund des fehlenden Buchstabens »G« im kölschen Alphabet wurde aus Gülich Jülich. Bis 1963 wurde das Parfüm im Farina-Haus produziert, seitdem in Merkenich.

Während die Hersteller zuvor nur schwere Düfte, wie solche mit Moschus, anboten, schaffte es Farina, ein leichtes Parfüm zu kreieren, das ihn »an einen italienischen Frühlingsmorgen« erinnerte. Er löste und konservierte die ätherischen Öle in aus Wein destilliertem Alkohol. Bis heute wird das Rezept von 1708 benutzt – mit natürlichen Inhaltsstoffen: Bergamotte, Zitrone, Orange, Mandarine, Limette, Pampelmuse, Zeder, Jasmin. Nur Amber vom Wal darf nicht mehr verwendet werden. Während das Rezept gleich geblieben ist, kann die Parfümfarbe zwischen Grün und Gelb variieren – schon aufgrund unterschiedlicher Ernten. »Entscheidend ist, dass es immer gleich riecht«, sagt Farina, der nach wie vor die Adelshäuser der Welt beliefert. Nur ein Problemchen hat er. »In der neunten Generation wird es keinen Johann Maria Farina geben.« Der ausgebildete Apotheker und sein Bruder haben ausschließlich Töchter.

Adresse Obenmarspforten 21, 50667 Köln (Altstadt-Nord), Tel. 0221/3998994, www.farina-haus.de, E-Mail: museum@farina-haus.de | **ÖPNV** Bahn 1, 7, 9, Haltestelle Heumarkt | **Öffnungszeiten** Mo–Sa 10–18 Uhr, So 11–16 Uhr | **Bonus** Gegen Vorlage dieses Buches können Sie im Farina-Duftmuseum einmalig nach Anmeldung zum halben Preis (regulärer Preis derzeit 5 Euro) an einer Führung teilnehmen, bei der Sie zudem gratis einen Miniflakon des Eau de Cologne im Wert von 4 Euro erhalten (siehe Seite 237).

35 FC-Fanshop am Geißbockheim

Wo der Weltmeister von 1954 einkauft

Dort einkaufen, wo Hans Schäfer, der Fußball-Weltmeister von 1954, einkauft, und nebenbei den Stars des 1. FC Köln beim Trainieren zuschauen – das ist möglich im und am FC-Fanshop am Geißbockheim in Sülz. Besucher können dort nicht nur zwischen 500 Artikeln auswählen, sondern auch die treuesten Anhänger beim fast täglichen Beobachten der Kicker treffen. Einkaufen in Verbindung mit einem Ausflug zum Herzen des FC.

Die Auswahl ist riesig: Plüschgeißböcke, Toaster, Pantoffeln, sogar Wecker, die die FC-Hymne abspielen, sind in den FC-Farben zu haben. Genau wie Kölsch- und passend zu den Vereinsfarben Rot- und Weißweingläser. Doch die Artikel, die am häufigsten über den Tresen gehen, sind Trikots, Trainingsshirts, Fußbälle, Gartenzwerge und Aufkleber. Seit Anfang 1996 gibt es den Laden auf dem legendären Gelände. »Das Geißbockheim ist das Herz des FC und das Urgestein der Fanshops«, erklärt Shopleiterin Yvonne Schulte. »Hier werden die traditionellen Fans bedient – die Autogrammjäger, die Neugierigen. Hier trifft man sich, hier kennt man sich. Die Trainingskiebitze stehen jeden Morgen Spalier und begrüßen uns.«

Die Kunden kommen gezielt zum Einkaufen in den 150 Quadratmeter großen Shop, der direkt neben dem Trainingsplatz liegt, »oder sie schauen nach einem Spaziergang um den Decksteiner Weiher herein. Oder natürlich während des Trainings.« Schulte hat festgestellt, dass die Fans besonders viel zum Saisonstart und zu Weihnachten kaufen. »Vor Kurzem kam ein Fan mit einem grünen Papagei auf der Schulter herein und kaufte Eintrittskarten.« – Die FC-Fans waren schon immer verrückt, Fußball-verrückt, FC-verrückt. Im Fanshop am Geißbockheim trifft man sie – genauso wie die Kicker. Die Shopleiterin hat schon viele bekannte Kunden bedient. »Lukas Podolski hat bei uns immer die Schnuller für seinen Sohn gekauft.«

Adresse Franz-Kremer-Allee 1–3, 50937 Köln (Sülz), Tel. 0221/71616473, www.fc-fanshop.de, E-Mail: fanshop@fc-koeln.de | **ÖPNV** Bahn 18, Haltestelle Klettenbergpark | **Öffnungszeiten** Mo–Fr 10–18 Uhr, Sa 10–14 Uhr (an Heimspieltagen abweichend)

36 __ Festtruhe

Auf Brautkleidsuche im einstigen Kunstblumenladen

Die 1898 gegründete Festtruhe ist Kölns ältestes Braut- und Festmoden-Geschäft. Sowohl Oma als auch Mutter der Inhaberin Sonja Catalina Handke haben schon in Kleidern aus der Festtruhe geheiratet. Großmutter Hertha Kleen trug 1952 ein langes weißes, tailliertes Kleid mit V-Ausschnitt und Glockenrock. In Kleid und Krone waren Myrtensträußchen eingearbeitet – passend, auch zur Geschichte des Ladens, denn die Festtruhe startete einst als Kunstblumenhandlung am Rudolfplatz.

»Wir wollen, dass die Braut mit ihrem Kleid glücklich ist. Der Hochzeitstag ist schließlich ein besonderer Tag«, sagt Sonja Catalina Handke, die die Festtruhe 2004 gekauft und die Ladenfläche auf 300 Quadratmeter verdoppelt hat. Kunden können aus 1.000 Kleidern von circa 40 Designern auswählen – 80 Prozent davon sind Brautkleider. Fünf Schneiderinnen passen im eigenen Atelier Kleider an und entwerfen darauf abgestimmte Accessoires.

Sonja Catalina Handke rät, zur Brautkleidsuche nicht zu viele Begleiterinnen mitzunehmen. »Bei zehn Freundinnen gibt es zehn Meinungen.« Die Medienbetriebswirtin, die bereits als Kind mit den Schleiern im Brautmodengeschäft ihrer Mutter gespielt hat, empfiehlt, sich rechtzeitig mit der Kleidfrage zu beschäftigen: »Am besten ein Jahr im Voraus. Dann haben Sie die größte Auswahl.« Denn nur einmal im Jahr gibt es neue Kollektionen.

Ein bis zwei Stunden bleiben die Kundinnen in der Regel, probieren fünf bis sieben Kleider. »Dann haben sie meistens ihr Traumkleid gefunden.«

112 Jahre nach der Geschäftsgründung hat auch Sonja Catalina Handke 2010 in guter Familientradition in einem Kleid aus der Festtruhe geheiratet. In einem schmal geschnittenen, schlichten Modell, bei dem sie sich den Rückenausschnitt tiefer hat machen lassen. »Das perfekte Kleid für mich!« Und zur Ladengeschichte passte es auch: Der Designer fertigt für seine Kleider Blüten in Handarbeit an.

Adresse Offenbachplatz 1–3, 50667 Köln (Altstadt-Nord), Tel. 0221/253080, www.festtruhe.de, E-Mail: info@festtruhe.de | **ÖPNV** Bahn 1, 3, 4, 7, 9, 16, 18, Haltestelle Neumarkt | **Öffnungszeiten** Mo–Fr 10–18 Uhr, Sa 10–16 Uhr | **Bonus** Gegen Vorlage dieses Buches erhalten Sie in der Festtruhe einmalig beim Kauf eines Brautkleides im Wert von über 500 Euro einen Schleier nach Wahl im Wert von bis zu 200 Euro gratis. Alternativ bekommen Sie beim Kauf eines Abendkleides im Wert von über 200 Euro eine schwarze Abendtasche im Wert von bis zu 100 Euro geschenkt (siehe Seite 237).

37 __ Filz Gnoss
Viel mehr als nur graue Hauspantoffeln

Raimondo Aparicio weiß nicht, wie viele Porträts über seine 1925 von den Geschwistern Gnoss gegründete Firma schon geschrieben worden sind. Ein Indiz dafür, dass es sich bei Filz Gnoss um ein besonderes Geschäft handeln muss. Dort gibt es 200 Filz-Sorten in fast allen erdenklichen Farben: unterschiedlich fest und dick, aus weißer, gemischter und eingefärbter Wolle, Polster-, Sattel- und technische Wollfilze.

»Filz Gnoss« prangt in geschwungener blau-weißer Neonröhren-Leuchtschrift über dem Schaufenster. Innen finden Kunden vom Hut bis zum Schuh, von Möbelpolstern bis zu Noppen für Stuhlbeine, von Tischsets bis zu Läufern, von Untersetzern und Topflappen bis zu Weinkühlern alles aus Filz. »Und wir schneiden Filz auf Wunsch zu«, ergänzt Aparicio, der 2011 die Firmenleitung von seinem Vater Ulrich von Kannen übernommen hat. In anderen Geschäften gebe es sonst oft nur fertige Produkte aus Filz.

Als Maria Olga und Ulrich von Kannen in den 60er Jahren bei Filz Gnoss einstiegen, ging hauptsächlich grauer Filz über den Tresen: Pantoffeln und Unterlagen für Fernseher, Radios und Schreibmaschinen kauften die Kunden. Mittlerweile hat sich das Bild völlig geändert. »Filz hat in den vergangenen Jahren geboomt. Er wurde von Designern wiederentdeckt.« Jetzt kommen Jugendliche und Rentner ins Geschäft. »Sogar junge Leute kaufen sich auf einmal Filzpantoffeln«, staunt selbst der Chef ein wenig.

»Wir haben eine kleine Nische besetzt und werden auch über die Runden kommen, wenn der Filz-Boom vielleicht wieder zu Ende geht«, sagt Aparicio. »Den Werkstoff Filz wird es immer geben.« Einen neuen Verkaufsschlager von Filz Gnoss entdeckten Aparicio und seine Eltern derweil eher zufällig. Im Jahr 2000 experimentierten sie mit dem Ausstanzen von kleinen Tieren – auch Dom-Motive waren dabei. Mittlerweile wird die Westseitenansicht der Kathedrale in vielen Geschäften verkauft.

Adresse Apostelnstraße 21, 50667 Köln (Altstadt-Nord), Tel. 0221/2570108, www.filz-gnoss.de, E-Mail: info@filz-gnoss.de | **ÖPNV** Bahn 1, 3, 4, 7, 9, 16, 18, Haltestelle Neumarkt | **Öffnungszeiten** Mo−Fr 9.30−18.30 Uhr, Sa 10−16 Uhr | **Bonus** Gegen Vorlage dieses Buches erhalten Sie von Filz Gnoss einmalig einen Schlüsselanhänger aus Filz in Dom-Form zum vergünstigten Preis von 1,50 Euro statt regulär 2,50 Euro (siehe Seite 237).

38 Fotografie Joachim Rieger
Dä Veedel-Fotograf met vill Jeföhl

»Wenn ein Foto mich berührt, ist es ein gutes Bild. Wenn es dann noch eine Geschichte erzählt, ist es perfekt.« Joachim Rieger ist wahrscheinlich der einzige Fotograf, der alle 86 Kölner Veedel mit seiner Kamera porträtiert hat. Im Auftrag des Stadtportals koeln.de war er mehrere Wochen zwischen Altstadt-Nord, Bocklemünd, Fühlingen, Müngersdorf, Poll, Worringen und Zündorf unterwegs, um den speziellen Charakter des jeweiligen Veedels mit dem Fotoapparat einzufangen. Etliche der so entstandenen Bilder, darunter auch Postkartenserien, stellt Rieger in seinem 2007 eröffneten Laden in Dellbrück aus.

»Das Schöne ist oft so nah. – Man muss nicht weit reisen, um schöne Dinge zu sehen.« Seine Heimatstadt sei seine Inspiration. »Ich liebe Köln. Hier kenne ich mich am besten aus.« Dennoch habe er bei seiner Fototour durch die Stadt ganz neue, bisher unbekannte Eindrücke von Köln gewonnen. Jedes Viertel habe seinen eigenen Charme – fotografisch zum Beispiel an unterschiedlichen Fassaden zu entdecken.

Rieger gibt auf seinen Bildern nicht nur den Charakter der Veedel wieder, sondern transportiert auch das Gefühl des Karnevals. So sieht es auch das Festkomitee und arbeitet deshalb seit 2010 eng mit dem ausgebildeten Fotolaboranten zusammen. »Wenn mir unbekannte Menschen beim Rosenmontagsumzug mit ihren fröhlichen Gesichtern für einen kurzen Moment eine Freude bereiten, ist das einfach ein tolles Gefühl«, sagt Rieger, der den Karneval als »sich von Herzen freuen und anderen Freude bereiten« definiert.

Sein Expertenwissen gibt er auch in Workshops weiter, verrät zum Beispiel, wie eine gute Aufnahme des Doms gelingt: »Setzen Sie sich zunächst mal eine Viertelstunde in die Kathedrale. Versuchen Sie, sich auf den Dom einzulassen.« Selbst fotografiert Rieger in Köln allerdings am liebsten am Rhein. Dort fühlt er sich »fast wie am Meer«.

Adresse Dellbrücker Hauptstraße 174, 51069 Köln (Dellbrück), Tel. 0221 / 7391875, www.fotografie-joachimrieger.de, E-Mail: jr@fotografie-joachimrieger.de | **ÖPNV** Bahn 3, 18, Haltestelle Dellbrück Hauptstraße; S-Bahn S11, Haltestelle Köln-Dellbrück | **Öffnungszeiten** Di, Mi, Fr 9 – 12 Uhr und nach Vereinbarung | **Bonus** Joachim Rieger schenkt Ihnen einmalig beim Besuch in seinem Laden gegen Vorlage dieses Buches fünf Postkarten mit Köln-Motiven Ihrer Wahl im Gesamtwert von 5 Euro (siehe Seite 237).

39__Le Fou

Wo Putzlappen Strasssteinchen tragen

Putzlappen mit Strasssteinchen, Putzhandschuhe aus Latex mit rotem Nagellack, waschbare Lampion-Wäschesäckchen, Bilderrahmenbroschen und Filz-Tropfenfänger für Weinflaschen: Die Produktdesignerin Hilke Schneider entwirft in ihrem im Oktober 2010 eröffneten Ladenatelier in der Engelbertstraße verrückte Gegenstände und hübscht die notwendigen Dinge des Alltags auf.

Vor allem zwei der angebotenen Artikel haben die Arbeit Hilke Schneiders, die in Düsseldorf Produkt- und Schmuckdesign studiert hat, bisher geprägt: Im ersten Semester auf der Hochschule hat sie bei einem frei gewählten Thema einen Putzlappen mit Strasssteinchen versehen. »Ich hasse Hausarbeit. Sie ist aber ein notwendiges Übel. Also habe ich überlegt, wie ich mir diese Arbeit verschönern könnte.«

Ein anderes prägendes Produkt ist nach ihrer Großmutter Emmy benannt. Emmi, ein bunt gepunktetes Wäschesäckchen in Lampion-Form für unterwegs, ist bei 30 Grad waschbar und kann an einer Schlaufe aufgehängt werden. »Meine Oma hat mir als Kind einen Wäschesack geschenkt. Ich habe nie verstanden, wie man auf Reisen seine Schmutzwäsche in Plastiktüten stecken kann, wo sie schnell anfängt zu stinken.« Den Verkaufsschlager, die praktischen Baumwollbeutelchen, näht sie immer noch selbst im Laden.

Bei der Weiterentwicklung oder Verbesserung von Produkten spürt die Designerin zwei Seelen in ihrer Brust. »Meine verkitschte, humorvolle Seele, wie bei meinen barocken Bilderrahmenbroschen, und meine puristische Seele; dann reduziere ich Gegenstände um Elemente.« Einige der Kreationen stellt sie nicht selbst her, sondern lässt sie nach ihren Entwürfen produzieren, wie zum Beispiel die Filz-Tropfenfänger für Weinflaschen. »Produktdesign hat Ähnlichkeiten mit dem Tanzen«, erzählt sie mit Blick auf den Tropfschutz. »Die Figuren, die am einfachsten aussehen, sind oft am schwierigsten.«

Adresse Engelbertstraße 11, 50674 Köln (Neustadt-Süd), Tel. 0221 / 29871232, www.le-fou.net, E-Mail: fou@le-fou.net | **ÖPNV** Bahn 9, 12, 15, Haltestelle Zülpicher Platz | **Öffnungszeiten** Mo−Fr 12−19 Uhr, Sa 12−18 Uhr | **Bonus** Ab einem Einkaufswert von 15 Euro schenkt Ihnen Hilke Schneider einmalig gegen Vorlage dieses Buches den von ihr gestalteten Filz-Tropfenfänger im Wert von 6,90 Euro (siehe Seite 237).

40__Franta

Devise außergewöhnlich und verrückt

Bunte Leuchtreklamen, Jukeboxen, US-Kühlschränke, Comicfiguren, historische Zapfsäulen oder Telefonzellen: Seit 1989 gibt es bei Franta im Belgischen Viertel ungewöhnliche Designobjekte des 20. und 21. Jahrhunderts. Möbel, Dekoartikel und Industriegegenstände zum Kaufen und Mieten. Das Warenangebot von Inhaber Georg Franta ist ausgefallen, zum Beispiel bietet er den wohl größten funktionstüchtigen Tischventilator der Welt mit einem Durchmesser von drei Metern an.

»Ich verkaufe und vermiete außergewöhnliche und verrückte Objekte.« Die Gegenstände und Möbel stammen häufig aus den USA, aber auch aus Europa, wie zum Beispiel aus Belgien oder England. Früher sei er auf der Suche nach dem Außergewöhnlichen viel rumgefahren, erzählt der gelernte Schreiner. So gebe es in den Vereinigten Staaten riesige Flohmärkte mit Jukeboxen, Zapfsäulen und Co. Heute bekomme er die Artikel in der Regel zum Kauf angeboten.

Für Franta ist indes auch das Vermieten von Möbeln und Artikeln zur Dekoration ein wichtiges Standbein. Schon häufig hat seine Firma Fernsehfilme und Soaps mit Einrichtungsgegenständen versorgt.

Sein 1.000 Quadratmeter großer Fundus ist dabei eine wahre Schatztruhe. Requisiteure finden dort zum Beispiel etliche Telefonzellen verschiedener Epochen.

Im Parkhaus vis-à-vis des Geschäfts in der Maastrichter Straße befindet sich außerdem noch eine Galerie von Franta. Hauptsächlich für Licht-Objekte und legendäre »Memphis«-Artikel wie das Regal »Carlton«. Dort ist aber auch mal die Einrichtung eines Friseurgeschäfts ausgestellt – mit Gegenständen vergangener Jahrzehnte, zum Beispiel einem höhenverstellbaren Frisierstuhl für Kinder aus den 40er Jahren. An einem weißen Pferdekopf konnten sich die kleinen Kunden mit einem Lederzügel festhalten. »Ich liebe Originale«, sagt Georg Franta. »Sie sind nicht leicht austauschbar.«

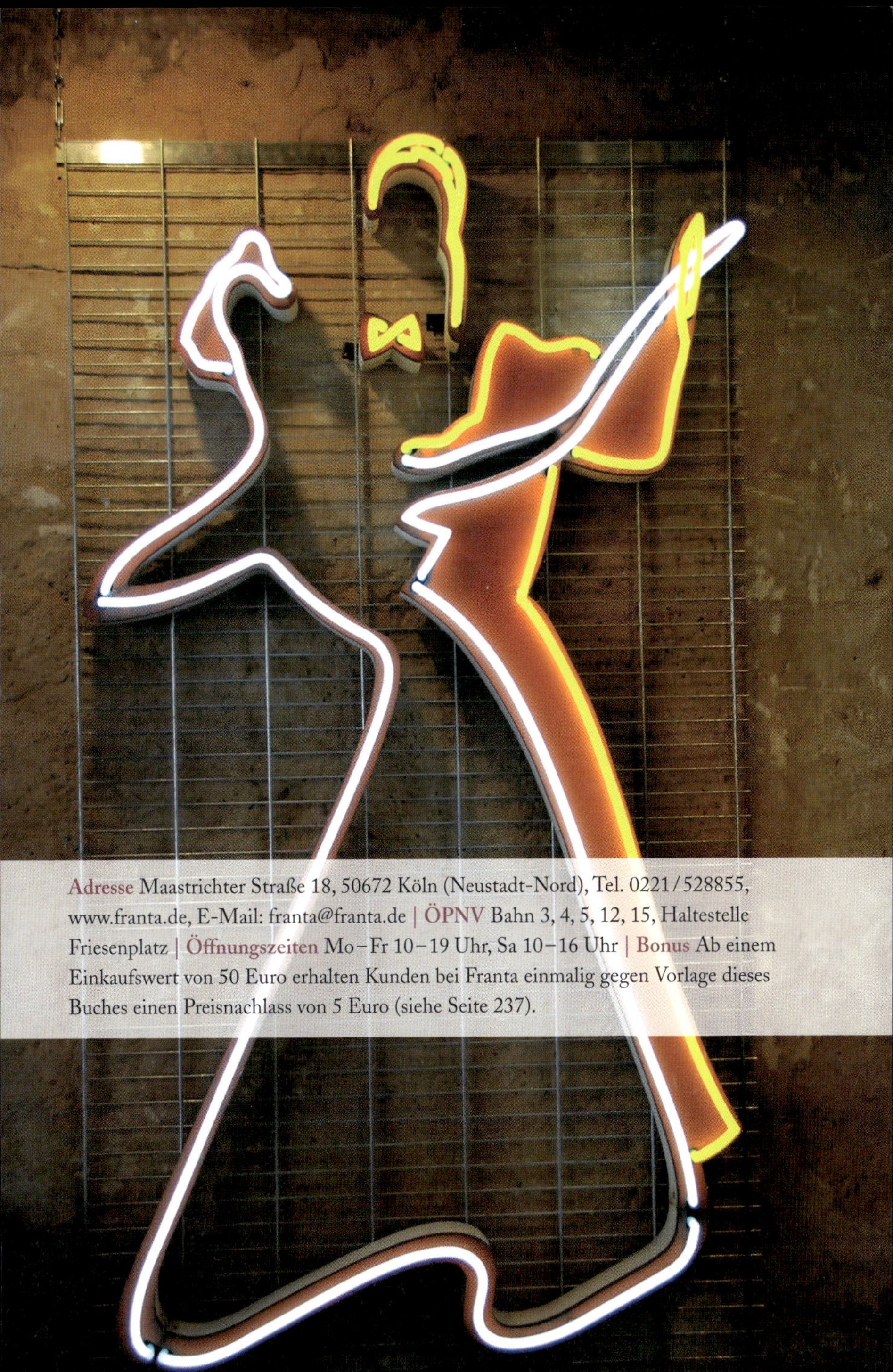

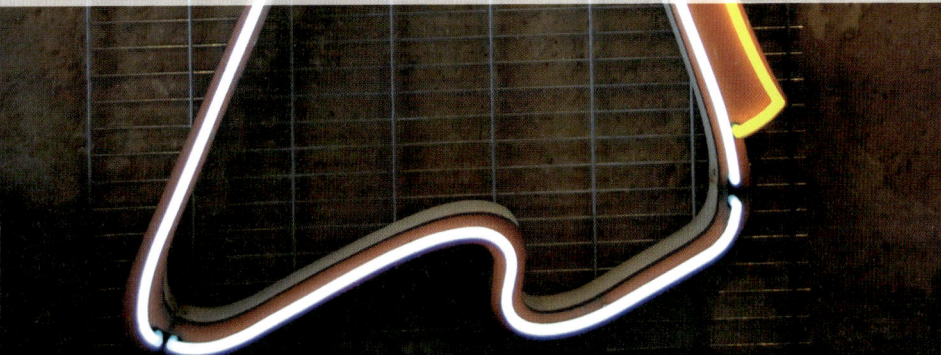

Adresse Maastrichter Straße 18, 50672 Köln (Neustadt-Nord), Tel. 0221 / 528855, www.franta.de, E-Mail: franta@franta.de | **ÖPNV** Bahn 3, 4, 5, 12, 15, Haltestelle Friesenplatz | **Öffnungszeiten** Mo – Fr 10 – 19 Uhr, Sa 10 – 16 Uhr | **Bonus** Ab einem Einkaufswert von 50 Euro erhalten Kunden bei Franta einmalig gegen Vorlage dieses Buches einen Preisnachlass von 5 Euro (siehe Seite 237).

41__Geliebte Möbel
Lieblingsstück sucht neuen Partner

Robert Palgrave hat ein Lieblingsauto: einen Renault 16, Baujahr 1970. Dieser Wagen steht vor seinem Geschäft. In dem Laden auf der Dürener Straße befinden sich auf 270 Quadratmetern seine »geliebten Möbel«, die der Restaurator im Gegensatz zu seinem R16 – trotz »Lieblingsstück«-Potenzial – alle auf Kommission verkauft. Der stilvollste An- und Verkauf Kölns.

»Wir bieten ausschließlich Möbel an, die Unikat-Charakter haben, außergewöhnliche Stücke mit Ausstrahlung und Atmosphäre«, erklärt Palgrave, der das Geschäft mit Norbert Bruhn im November 2010 in Junkersdorf gegründet hat. Als »Lager für jedermann« bieten die beiden interessante und dennoch erschwingliche Möbel im Obergeschoss einer früheren Matratzenfabrikationshalle an. Für ständigen Nachschub, den Palgrave regelmäßig über Facebook an seine Möbel-Freunde kommuniziert, sorgen Händler und Wohnungsauflöser.

In einer Ecke steht auf dem grauen Betonboden ein dunkelgrün gekachelter Ofen. Unweit davon sind Holzstühle gestapelt, die zur Ausstattung einer Schule gehört haben dürften. Eine Registrierkasse, eine Wäschebox mit gelbem Häkelüberzug und eine Anrichte aus den 60er Jahren gehören genau wie Möbel älterer Ikea-Kollektionen zu den Artikeln, die den Weg in die hellen, loftähnlichen Verkaufsräume von Bruhn und Palgrave gefunden haben. Wobei die beiden versuchen, ihre Waren so zu präsentieren, dass Wohnsituationen nachgestellt werden – mit viel Platz für ihre Lieblingsstücke. »Wir wollen kein bis unter die Decke vollgestellter Trödelladen sein.«

Ein ausrangiertes außergewöhnliches Möbelstück soll einen neuen Besitzer finden, der es dann möglicherweise zu seinem Lieblingsstück kürt. Das ist die Idee von »Geliebte Möbel«: »Weg vom Wegschmeißen und einfach Neukaufen«, sagt Palgrave. Im Prinzip wie bei seinem R16. In sein Auto, das er einst einer Freundin abkaufte, hat er sich auf den ersten Blick verliebt.

Adresse Dürener Straße 422, 50858 Köln (Junkersdorf), Tel. 0221/95432854, www.geliebtemoebel.de, E-Mail: hallo@geliebtemoebel.de | **ÖPNV** Bahn 7, Haltestelle Stüttgenhof | **Öffnungszeiten** Do–Sa 12–18 Uhr und nach Vereinbarung | **Bonus** Ab einem Einkaufswert von 50 Euro erhalten Kunden bei »Geliebte Möbel« einmalig gegen Vorlage dieses Buches einen Preisnachlass von 5 Euro (siehe Seite 237).

42__ Gliss Caffee Contor

Der Sommelier mit Interesse für die Bohne

Michael Gliss ist Deutschlands erster Kaffee-Sommelier. Die entsprechende Diplom-Urkunde vom Wiener Institut für Kaffee-Experten hängt gerahmt in seinem Laden in der Sankt-Apern-Straße. Dort, wo Gliss 20 Sorten ausschließlich fair gehandelten Bio-Kaffees aus eigener Röstung verkauft, wird viel Wert auf Beratung gelegt. »Das Kaffeetrinken soll wieder zu einem bewussten Genuss werden«, wünscht sich der Kölner, der die braune Bohne als Groß- und Einzelhändler verkauft, eine eigene Sendung auf TV Gusto hat und Kaffee-Seminare hält.

Schon früh hat ihn die Faszination Kaffee gepackt – und zwar Anfang der 80er Jahre in Südfrankreich. Bereits damals, als Restaurant-Mitarbeiter im Einsatz an der Espressomaschine, stellte er fest: »Kaffee ist ein Genussmittel, über das sowohl Gastronomie-Experten als auch passionierte Kaffeetrinker nur sehr wenig wissen.« Deswegen werde Kaffee häufig einfach nach der Marke oder der Farbe der Packung gekauft.

Genug Motivation für den gelernten Hotelfachmann, im Jahr 2001 alles über den An- und Abbau, die Geschichte, die Verarbeitung und das Rösten der Bohnen zu lernen. Laut Gliss soll ein Sommelier mit Hilfe profunder Produktkenntnis einfühlsame, auf die Speisen abgestimmte Getränke-Empfehlungen aussprechen und damit einzigartige Genusserlebnisse für den Gast schaffen.

»Jede Kaffeeart hat ihre Besonderheit, ein bestimmtes Mischungsverhältnis und verlangt nach guten Zutaten und der richtigen Zubereitung.« In seinen Seminaren lehrt Michael Gliss die Tricks rund um Mahlgrad, Wasserqualität, Brühzeit- und -temperatur, die einen alltäglichen Kaffee auch zu Hause zu etwas Besonderem machen. Persönlich schwört der Kaffeekenner, dessen Bohnen von einer Familienrösterei im Münsterland nach eigenen Rezepten geröstet werden, auf die Zubereitung in der Karlsbader Porzellankanne. Ohne Filtertüte und Metallsieb.

Adresse Sankt-Apern-Straße 14 – 18, 50667 Köln (Altstadt-Nord), Tel. 0221 / 2508383, www.gliss.de, E-Mail: michael@gliss.de | **ÖPNV** Bahn 3, 4, 5, 16, 18, Haltestelle Appellhof-platz / Breite Straße | **Öffnungszeiten** Mo – Fr 9.30 – 18.30 Uhr, Sa 11 – 18 Uhr | **Bonus** Gegen Vorlage dieses Buches schenkt Ihnen Gliss bei einem Besuch im Caffee Contor einmalig ein Probiertütchen (50 Gramm) eines Länderkaffees (siehe Seite 237).

43___Goldpony
Bärchenfreie Antiquitäten für Kinder

Als frischgebackene Eltern wollten Christiane und Carsten Schiek ihre Tochter nicht in die Babyeinheitskleidung mit Bärchen- und Schäfchenmustern stecken. Sie wollten für Emily auch keine »mitwachsenden« Möbel. Die Lösung: Kindermöbel, Kinderwagen und Kinderkleidung vom Flohmarkt. So gründeten die Schieks mit Goldpony 2000 ein Geschäft, das – zunächst direkt in Köln beheimatet – als erstes in Deutschland alltagstaugliche und bärchenfreie Antiquitäten für Kinder und Kindheitserinnerungen für deren Eltern verkauft.

»Kinder richten die Wohnung mit ein. Ihre Möbel erreichen schnell das Wohnzimmer«, weiß Christiane Schiek, die zwei weitere Kinder hat – Jamie und Holly. »Kindern ist es anfangs egal, worauf sie zum Beispiel sitzen. Aber uns Eltern nicht. Warum nicht einen Kinderstuhl kaufen, der uns gefällt?« Mit ihrem Mann bietet sie Tische, Stühle, Betten und Kinderwagen aus der Zeit der 50er bis 70er Jahre an. Die klassischen Designerstücke stammen vor allem aus Skandinavien.

Neben Freude an Entwürfen ihrer eigenen Jugend treibt die Schieks die Liebe zum Wertbeständigen an, zu Nachhaltigkeit und Qualität. »Unsere 50 Jahre alten Möbel halten, obwohl bereits durch etliche Kinderhände gegangen, mindestens noch mal genauso lange«, erklärt Carsten Schiek. »Viele heutige Sachen überleben dagegen schon den ersten Umzug nicht.« Der dreifache Vater kennt auch die Vorzüge alter Kinderwagen: Platz für die Einkäufe und eine einschläfernde Federung. Und: »Alte Kinderwagen sind schöner. Damit fühle ich mich als Vater einfach besser.«

Tochter Emily, deren Geburt zur Gründung von Goldpony führte, hasst übrigens Sachen der 60er und 70er Jahre. »Sie mag am liebsten weiße Möbel von Ikea.« Die Kinder der Schieks und die ihrer Kunden haben aber im Gegensatz zu vielen ihrer Altersgenossen das Glück, dass sie als 14-Jährige nicht im mitgewachsenen Bärchenbabybett schlafen müssen, in das sie dann nur noch von der Länge passen.

Adresse Kölner Straße, 50226 Frechen, Tel. 0221/94644415, www.goldpony-shop.de, E-Mail: mail@goldpony-shop.de | **ÖPNV** Bahn 7, Haltestelle Frechen Bahnhof | **Öffnungszeiten** nach telefonischer Terminabsprache | **Bonus** Ab einem Einkaufswert von 50 Euro erhalten Sie bei Goldpony einmalig gegen Vorlage dieses Buches einen Preisnachlass von 5 Euro (siehe Seite 237).

44 Goldschmied Wilhelm Nagel

Der Schöpfer des DFB-Pokals

Den vom früheren Schalke-Manager Rudi Assauer demolierten Lippenrand des DFB-Pokals hat Wilhelm Nagel bis heute in seiner Werkstatt in Wesseling hängen. Der Goldschmied hatte die Fußball-Trophäe 1964 entworfen und angefertigt. Eigentlich habe er dessen Reparatur nach dem Sturz vom Tieflader 2002 ablehnen wollen. »Stellt ihn ins Museum und schreibt ›Zerstört von Assauer‹ darunter«, war seine erste Reaktion. So schief und schäl war der Pokal, erinnert sich der 1927 in Köln geborene Nagel, der selbst mit weit über 80 Jahren immer noch an selbst entworfenen Ringen, Ehrennadeln und Schmuck feilt.

Letztlich übernahm er doch die Restaurierung. Fünf Monate benötigte der langjährige Dozent für Goldschmiedekunst an den Kölner Werkschulen, der späteren Fachhochschule, dafür. Nagel tauschte die oberen verzogenen Ringe aus, beulte den Sockel aus, setzte sechs Kristalle neu ein und trug eine neue Vergoldung auf. Am Ende schrieb er dem DFB eine Rechnung über 34.000 Euro.

Der Kölner zückt einen schwarzen Ordner. Unter dem Titel »Profanes« hat er Fotos seiner Stücke gesammelt. So hatte Nagel 1949 als Student die Silberschmiedearbeiten an der von seiner Kunstprofessorin Elisabeth Treskow entworfenen Meisterschale für den Deutschen Fußball-Bund übernommen. Ein weiterer Ordner ist mit »Sakrales« beschriftet; Nagel, der bei Fritz Zehgruber lernte, schuf Tabernakel, Altäre und Reliquiare, restaurierte den goldenen Stern auf der Dom-Spitze. Viele Erzbischöfe, darunter Joachim Kardinal Meisner, tragen von Nagel gefertigte Ringe und Insignien. Kein Wunder, dass auch der DFB-Pokal als »sakrales Gerät, um das man sich bemühen muss«, entworfen worden ist, als »etwas Besonderes, nicht Alltägliches, etwas, das man nicht einfach so mitnimmt«. Als Nagel 2002 seinen demolierten Pokal sah, musste er weinen.

Adresse In der Flecht 40, 50389 Wesseling (Keldenich), Tel. 02236 / 48866 | **ÖPNV**
Bahn 16, Haltestelle Wesseling | **Öffnungszeiten** nach telefonischer Terminabsprache

45__Green Guerillas
Mode-Revolutionäre schließen grüne Marktlücke

Die grüne Mode-Revolution im Rathenauviertel begann mit einer nüchternen Marktanalyse. Kai Tettenborn hatte bemerkt, dass in Köln kein Laden für ökologisch faire Bekleidung existierte, während es in anderen Großstädten mehr als nur ein solches Geschäft gab. Im April 2011 schloss er die Marktlücke und bietet seitdem in seinem »Green Guerillas«-Laden Fair-Trade-Streetwear aus ökologischen und recycelten Materialien an.

»Wer individuelle ökologische Kleidung sucht, wird bei uns fündig.« Die 25 jungen Modelabel im Programm verwenden ausschließlich Bio-Baumwolle. Polyesterjacken werden zu 100 Prozent aus recycelten PET-Flaschen produziert, Wolle stammt aus artgerechter Haltung. »Es wird nicht nur Bio-Baumwolle verwendet. Die komplette Produktionskette vom Anbau bis zur Auslieferung ist ökologisch«, fügt der Inhaber an; die Mittel zum Färben und Bedrucken eingeschlossen. Alle Artikel sind mit Öko-Siegeln zertifiziert.

Auch Produkte der nachhaltigen Kölner Labels Armedangels, Feuerwear, Portocolonia, Trusted Fair Trade Clothing und Wakabunt gibt es bei Tettenborn und seiner Geschäftspartnerin Marlies Binder. Die meisten angebotenen Marken sind in Köln nur bei Green Guerillas zu haben. Passend auch die Präsentation der Ware: T-Shirts sind auf ausrangierten Paletten gestapelt oder liegen im Moveo-Regalsystem aus. Das lässt der Kölner Konstrukteur Marc Rexroth aus alten Einwegpaletten, Altmetall und Fahrradschläuchen in sozialen Werkstätten fertigen.

Trotz nüchternem Realismus ist Tettenborn von der ökologischen Idee überzeugt – nicht nur geschäftlich: Er ernährt sich vorwiegend von Bio-Produkten, verwendet ökologisches Geschäftspapier, beleuchtet seinen Laden mit Ökostrom. »Unser Konzept ist kein Gag. Sonst wäre das unglaubwürdig.« Der Inhaber fordert auch seine Kunden auf, die Mode-Revolution zu unterstützen: »Be part of the green revolution!«

Adresse Roonstraße 82–84, 50674 Köln (Neustadt-Süd), Tel. 0222 / 16914611, www.green-guerillas.de, E-Mail: kontakt@green-guerillas.de | **ÖPNV** Bahn 9, 12, 15, Haltestelle Zülpicher Platz | **Öffnungszeiten** Mo–Sa 11–20 Uhr | **Bonus** Ab einem Einkaufswert von 50 Euro erhalten Kunden bei Green Guerillas einmalig gegen Vorlage dieses Buches einen Preisnachlass von 10 Euro (siehe Seite 237).

46_ Gummi Grün

Die Kölner Gummi-Institution

Seit 1884 gibt es Gummi Grün, benannt nach Gründer Franz Grün. Verkaufte das »Gummi- und Plastic-Haus« zunächst unter anderem Utensilien für das »Wöchnerinnenbett«, ist das Spektrum der Artikel heute groß: Ob Angler- oder Gummistiefel, Dichtungen, Badekappen, Schläuche, Hülsen, Matten oder Pömpel – »es gibt quasi nichts aus Gummi, was es dort nicht gibt«, sagt Kunde Gerhard Müller. Inhaber Gerhard Zilles ergänzt: »In der breiten Zusammensetzung der angebotenen Gummi-Artikel kenne ich in Deutschland kein vergleichbares Geschäft.« Sein Laden gehört wie der Dom zu Köln.

»Ich kann auch 14 Tage im Urlaub ohne Gummi leben«, sagt Zilles schmunzelnd in Anspielung auf die Überschrift einer Zeitung, die beim Versuch, die Leidenschaft des Chefs zu beschreiben, das Gegenteil behauptet hatte. Zilles, der Gummi Grün 2007 gekauft hat, ist aber wirklich »fasziniert« von dem Stoff, um den sich alles in seinem Geschäft dreht. »Als ich angefangen habe, dachte ich, dass Gummi schwarz ist und stinkt. Heute weiß ich, dass es eine Vielzahl von Mischungen und Anwendungen gibt.«

Je nach Jahreszeit und Wetter gehen in dem 260 Quadratmeter großen Fachgeschäft unterschiedlichste Gummiwaren über den Ladentisch: Im Winter sind Wärmflaschen gefragt, im Frühling Gartenschläuche und im Sommer Badeschuhe. Zum Sortiment gehören aber nicht nur Produkte aus Gummi und Kunststoff. Auch »artverwandte Dinge«, wie es Zilles ausdrückt, werden mitverkauft, zum Beispiel Armaturen für Schläuche.

Bei Gummi Grün trifft ein Schwimmschüler, der eine Badekappe sucht, auf den Mitarbeiter einer Werft, der eine spezielle Dichtung benötigt. Wenn in der »Sendung mit der Maus« Gummi benötigt wird, rufen die WDR-Redakteure bei Zilles an, der mit seinem Team für Service stehen will. »Auch bei einer Dichtung für 20 Cent werden Sie vernünftig beraten. Wir sind mit der Materie Gummi verwachsen.«

Adresse Richmodstraße 3–7, 50667 Köln (Altstadt-Nord), Tel. 0221 / 253046, www.gummi-gruen.de, E-Mail: gummigruen@netcologne.de | **ÖPNV** Bahn 1, 3, 4, 7, 9, 16, 18, Haltestelle Neumarkt | **Öffnungszeiten** Mo–Fr 9–18.30 Uhr, Sa 9.30–16 Uhr | **Bonus** Ab einem Einkaufswert von 25 Euro erhalten Kunden bei Gummi Grün einmalig gegen Vorlage dieses Buches einen Preisnachlass von 5 Euro (siehe Seite 237).

47___Hack Lederware

Ein Schneider, der auf Leder steht

Christoph Hack nimmt für sich in Anspruch, den Hirschleder-Äquator um 200 Kilometer nach Norden verschoben zu haben. Traditionelle Verarbeitung, natürliche, strapazierfähige Materialien, Funktionalität und zeitgemäße Gestaltung, selbst bei Hosen aus sämisch gegerbtem Hirschleder – das sind die Kriterien, nach denen er arbeitet. Hack ist einer der wenigen, die das Lederschneider-Handwerk bewahren. Bei seiner Arbeit, bei der Einzelanfertigungen im Vordergrund stehen, reizt ihn besonders »der Griff, das Ständig-in-die-Hand-Nehmen«. Mit den Werkzeugen seines Großvaters, eines Sattlermeisters, probiert sich Hack erstmalig an Leder aus. 21-jährig gelingen daraus an der Nähmaschine prompt die ersten Rucksäcke und Hosen. Hack macht sich selbstständig, fertigt Einzelstücke, stellt auf Designermessen aus, restauriert die Innenausstattung von Oldtimern. 1997 eröffnet er ein Ladenatelier in der Jülicher Straße, zieht später ins Belgische Viertel um, wo er seitdem unter anderem für »Manufactum« arbeitet.

Hosen, Taschen, Jacken, Einkaufstrolleys (»Hackenflitzer«), alle aus beziehungsweise mit hochwertigem Rind-, Hirsch-, Pferdeleder. Hack steht hinter seinen Produkten – und in seinem Büro steht er auch *darauf*: Der Boden ist mit Bohlen aus Rind-Schuhsohlen-Leder ausgelegt. Auch dort zeigt sich Hack begeistert über die Bandbreite an Produkten und Materialbeschaffenheit. »Ein Zehntel Millimeter in der Stärke macht richtig viel aus. Und Leder sieht nie gleich aus.«

Mit Überzeugung hält Hack, der größtenteils in Deutschland gegerbtes Leder verwendet, ein Plädoyer für sein Lieblingsmaterial. »Für die Lederproduktion muss kein Tier sterben.« Die Häute seien immer ein Nebenprodukt der Fleischwirtschaft. Das Pferdeleder bezieht Hack zum Beispiel aus Italien, wo mehr Pferdefleisch als in Deutschland gegessen wird. »Was Leder teuer macht, sind die aufwendigen Schritte der Verarbeitung.«

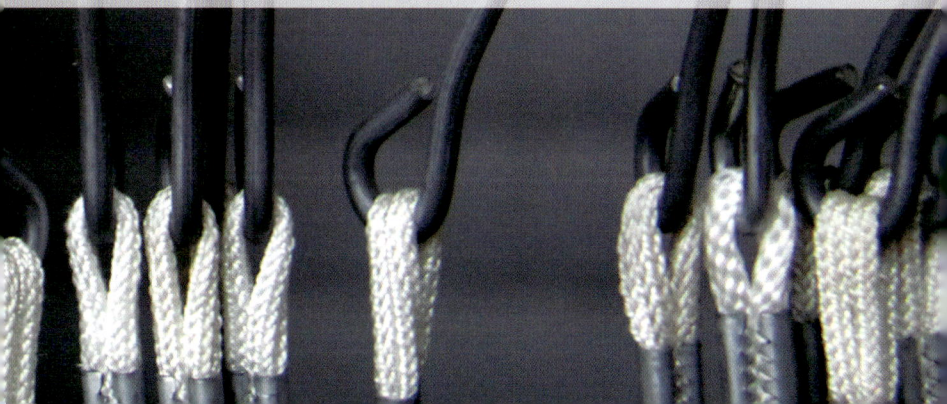

Adresse Maastrichter Straße 22, 50672 Köln (Neustadt-Nord), Tel. 0221/2409221, www.lederware.com, E-Mail: info@lederware.de | **ÖPNV** Bahn 3, 4, 5, 12, 15, Haltestelle Friesenplatz | **Öffnungszeiten** Mo–Fr 11–13.30 und 14–19 Uhr, Sa 11–16 Uhr | **Bonus** Gegen Vorlage dieses Buches schenkt Ihnen Christoph Hack bei einem Besuch in seinem Geschäft einmalig einen »Et kütt wie et kütt«-Schlüsselanhänger aus Leder im Wert von 8 Euro (siehe Seite 237).

48 Haushaltswaren Balke

Mit 80 täglich auf den Dom

Die nahezu originalgetreue Ladeneinrichtung von Haushaltswaren Balke ist älter als ihre Eigentümerin. Nichts Besonderes? Wenn die Besitzerin über 80 Jahre alt ist, schon. Seit 1973 führt Paula Filz den Laden in der Weidengasse, den ihr Vater Eduard Balke 1937 gegründet hatte. Die Einrichtung übernahm er aber noch vom Vormieter – von einem Schuhgeschäft, das kurz nach dem Bau des heute denkmalgeschützten Hauses um 1890 einzog, schätzt Paula Filz.

»Bei mir kriegen die Kunden alles, was sie im Haushalt brauchen. – Fast alles. Aber was ich nicht habe, bemühe ich mich zu besorgen.« Wie einen Aufnehmer aus Wolle. »Woanders gibt es nur noch diese modernen Dinger aus Plastik.« Kunden finden bei ihr Einmachgläser in etlichen Größen, Küchenmesser, Emailletöpfe, Sparschäler, Gießkannen, Grabvasen und Fliegenklatschen. Auf Abnehmer für manche Produkte müsse nur lange genug gewartet werden.

»Mein Vater hat mit dem Verkauf von Rasierklingen angefangen«, erzählt Paula Filz hinter ihrer Kasse von 1925. »Nach dem Krieg haben wir dann zunächst verkauft, was wir kriegen konnten – Schlüssel, Schrauben, Kleineisenwaren.«

Mittlerweile füllt die Geschäftsfrau die oberen Regale nicht mehr. Aber auch ohne auf die Leiter zu steigen, ist sie viel in Bewegung – so viel, dass sie meint, dass sie quasi einmal pro Tag den Dom hochklettert. Paula Filz wohnt im dritten und vierten Stock über dem Geschäft. Bis nach oben sind es 80 Stufen. Bis zum Dom-Turm hoch sind es derer über 500.

»Sicherlich habe ich schon mal überlegt, ob ich aufhören soll«, gibt sie zu. »Aber solange es geht, mache ich weiter mit meinem Hobbyladen.« Weil damit nichts mehr zu verdienen sei, will sie nicht, dass ihr Sohn das Geschäft übernimmt. Die großen Geschäfte hätten die kleinen kaputt gemacht: »Das war zum Beispiel, als die Lebensmittelläden anfingen, auch Schneebesen zu führen.«

Adresse Weidengasse 81, 50668 Köln (Altstadt-Nord), Tel. 0221/122189 | **ÖPNV** Bahn 12, 15, S-Bahn S6, S11, S12, S13, Haltestelle Hansaring | **Öffnungszeiten** Mo, Di, Do, Fr 9–13 und 15–18 Uhr, Mi 9–13 Uhr, Sa 9–14 Uhr | **Bonus** Gegen Vorlage dieses Buches erhalten Sie bei Haushaltswaren Balke einmalig beim Kauf zwei kleiner Gelee-Gläser (Einzelverkaufspreis 70 Cent) ein drittes Glas geschenkt (siehe Seite 237).

49__Herrenbude

Hemd sucht Pate

Markus, Ole oder Oliver heißen die von Achim Schmitz entworfenen Hemden. Der Besitzer der »Herrenbude« denkt beim Entwurf jeweils an einen bestimmten Kunden, dem er das Kleidungsstück dann als Pate widmet. »Die Idee zum ersten eigenen Hemd und der ersten selbst entworfenen Hose entstand durch Kundenwünsche«, erzählt der Designer. »Einige brauchen Hemden mit besonders langen Ärmeln oder Hosen mit längeren Beinen.«

Schmitz hatte während seines Studiums (Politik, Soziologie, Philosophie) Designermöbel verkauft und dabei seine Frau Sabine Berndt kennengelernt. »Wir suchen gemeinsam die Stoffe aus und besprechen unsere Entwürfe«, sagt er über die Zusammenarbeit.

Seit Oktober 2008 gibt es die Herrenbude – quasi als männliches Pendant zum seit 2006 existierenden Rockladen, der sich nebenan befindet und von Sabine Berndt geführt wird. Ihr Mann bietet in einer früheren Backstube neben den Produkten des eigenen Labels, das auf zeitlose Passformen, ausgefallene Stoffe, solide Verarbeitung und qualitativ hochwertige Materialien setzt, Kleidung ausgesuchter Hersteller an. »Ich versuche, die Mode-Trüffel aus den verschiedenen Kollektionen herauszupicken«, sagt Schmitz, der sich selbst entsprechend als »Trüffelschwein der Männermode« beschreibt. Zum Sortiment gehören unter anderem Anzüge, Unterhosen, Jeans, Schuhe, T-Shirts, Hemden, Pullover, Mäntel und Mützen.

»Meine Kunden haben keine Lust darauf, sich ihren Samstag mit Herumlaufen in vollen Einkaufsstraßen und großen, gesichtslosen Geschäften zu verderben. Sie schätzen meine stilsichere, reduzierte Auswahl.«

Produziert werden die von Achim Schmitz entworfenen Hemden mit etwas längeren Ärmeln und die Hosen mit 32er-, 34er-, 36er- und 38er-Beinlängen in einer kleinen Näherei in der Slowakei. Dort werden die Stoffe für Markus, Ole und Oliver dann von Hand zugeschnitten und einzeln vernäht.

Adresse Rothehausstraße 4, 50823 Köln (Ehrenfeld), Tel. 0171–1420208, www.herrenbude.de, E-Mail: herrschmitz@herrenbude.de | **ÖPNV** Bahn 3, 4, Haltestelle Körnerstraße | **Öffnungszeiten** Mi–Do 17–20 Uhr, Fr 11–14 und 17–20 Uhr, Sa 11–16 Uhr | **Bonus** Ab einem Einkaufswert von 100 Euro erhalten Kunden in der Herrenbude einmalig gegen Vorlage dieses Buches ein Paar Socken gratis oder wahlweise einen Preisnachlass von 10 Euro (siehe Seite 237).

50__Himer Maßschuhe

Die Schuhflüsterer

Ihre Maßschuhe gehören zu den besten der Welt, sagen Experten über die Produkte der Himers. Arnold Schwarzenegger, Liz Baffoe, Erol Sander, Peter Millowitsch, Horst Lichter und weitere prominente Kunden bestätigen das. Seit 2008 fertigen die Schwestern Kim und Nicola Himer, die das Handwerk von ihrem Vater in Baden-Baden gelernt haben, in ihrer Werkstatt in der Altstadt Maßschuhe – vom Straßenschuh über Jagd- und Reitstiefel bis zum Rennfahrerschuh. In Himer Maßschuhen gewann das Bentley-Team 2003 zum Beispiel das 24-Stunden-Rennen von Le Mans.

Beim Betreten des Geschäfts (mit Werkstatt, Museum und Seminarraum) fällt zunächst die Einrichtung aus geöltem Kirschbaumholz auf. Sie erinnert an einen Laden von 1910. Zwar nehmen die Himers an drei Tagen auch Schuhe zur Reparatur an, aber die eigentliche Profession der Schwestern ist erst hinter einer Durchreiche zu beobachten: das Anfertigen von Maßschuhen. Abdrucknehmen, Vermessen, Leisten- und Probeschuhproduktion – rund 30 Stunden Handarbeit pro Erstpaar haben nach Lieferzeiten von circa acht Monaten einen Preis von etwa 3.300 Euro.

Trotzdem ist Kim Himer überzeugt: »Maßschuhe sind kein Luxus.« Nur die Anfangsinvestition tue weh. »Aber wenn Sie abwechselnd drei Paar Maßschuhe tragen, haben Sie 30 Jahre Ruhe.« Man könne hochrechnen, dass ständiger Neukauf nicht günstiger sei. »Wir alle haben nur ein Paar Füße.« Da sollte man ihnen doch Schuhe mit bestem Tragekomfort gönnen – anstatt dem Auto teure Sportfelgen.

Kim Himer, die auch handgefertigte Schuhpflegemittel herstellt und mit ihrem Vater ein Buch über Lederpflege geschrieben hat, macht es Spaß, ein Produkt komplett selbst herzustellen. »Und es ist ein schönes Gefühl, die Freude beim Kunden zu beobachten, wenn er merkt, wie bequem unsere Schuhe sind.« So wie bei Ralf Möller. Für den Hollywoodstar sind die Himers die »Schuhflüsterer«.

Adresse Marsilstein 21–23, 50676 Köln (Altstadt-Süd), Tel. 0221/231092, www.himershoes.de, E-Mail: info@himershoes.com | **ÖPNV** Bahn 1, 7, 12, 15, Haltestelle Rudolfplatz, oder Bahn 9, Haltestelle Mauritiuskirche | **Öffnungszeiten** Di, Fr 9–18 Uhr, Sa 11–14 Uhr

51 Historische Senfmühle

Steffens gibt seinem Senf Kölsch dazu

Die Saaten kommen aus Kanada, die historische Mühle aus Belgien und eine Zutat aus der Kölsch-Brauerei: Original Kölner Mostert mit Gaffel Kölsch ist eine der Sorten, die die Historische Senfmühle verkauft.

Seit August 2009 gibt es gegenüber vom Schokoladenmuseum am Holzmarkt das Senfmuseum. Mit seiner Mühle aus dem Jahr 1810 produziert Wolfgang Steffens dort den Kölsch-Senf.

Daneben stellt er acht weitere Sorten her: vom mittelscharfen Klassiker über Riesling-, Cayenne- und Waben-Senf mit 30 Prozent Honig bis zur Indisch-Curry-Variante – jeweils im 250-Milliliter-Steintopf erhältlich. Eva Steffens ist sich sicher: »Der Senf hält sich darin Jahre.« In den Kühlschrank gehöre er nicht, empfiehlt die Tochter des Inhabers. Ihren Senf haben die Steffens übrigens auch schon Konfitüren, Brotaufstrichen, Pralinen, Wurst und Kräuterlikör dazugegeben.

Der ursprüngliche Standort der am Rheinufer betriebenen Mühle ist unbekannt, aber laut Wolfgang Steffens ist sie eine der ältesten Senfmühlen der Welt. 1931 wurde sie erstmals technisch überholt und später bis 1993 in den Niederlanden betrieben. Der gelernte Schlosser, Dreher und heutige Senfmüller Steffens restaurierte die Mühle und produziert mit ihr seit 2009 Mostrich in Köln – nach zwei Originalrezepten aus dem 15. und 19. Jahrhundert. Sein Ziel ist es, Senf so herzustellen, wie es dem Baujahr der Senfmühle entspreche. In sechs Führungen am Tag erklären er und sein Team, wie die 200 Jahre alte Mühle funktioniert.

Beim historischen Kaltmahlverfahren, das nach Angaben der Senfmüller-Familie nur noch siebenmal weltweit angewendet wird, drehen sich 525 Kilogramm schwere Basalt-Lava-Mühlsteine. »Dadurch bleiben die ätherischen Öle und natürlichen Inhaltsstoffe des Senfkorns erhalten«, erklärt Eva Steffens. Und ihr Vater schwärmt: »Unser kalt gemahlener Gourmet-Senf ist unverwechselbar.«

Adresse Holzmarkt 79–83, 50676 Köln (Altstadt-Süd), Tel. 0221/20532340, www.senfmuehle-koeln.de, E-Mail: info@senfmuehle-koeln.de | **ÖPNV** Bahn 1, 7, 9, Haltestelle Heumarkt | **Öffnungszeiten** Mo–Fr 10–18 Uhr, Sa, So 11–19 Uhr | **Bonus** Gegen Vorlage dieses Buches können Sie zusammen mit drei Begleitpersonen einmalig kostenlos (regulärer Gesamtpreis 12 Euro) nach Anmeldung an einer Führung im Senfmuseum teilnehmen (siehe Seite 237).

52 Honig Müngersdorff

Vom weinschönenden Winzer zum Bienen-Meister

1847 ging der erste Honig über die Theke. Ob Löwenzahn-, Linden-, Lavendel- oder Akazienhonig – Kunden können bei Müngersdorff alle 35 Sorten probieren. Daneben führt das Unternehmen, bei dem fünf Familienmitglieder im Dienste des Honigs tätig sind, 200 Produkte rund um die Biene: Bonbons, Cremes, Kerzen, Met, Pollen, Shampoo, Wachsmalstifte. Das Sortiment betreffend gibt es den Inhabern zufolge landesweit kein größeres Honiggeschäft.

»Wenn Sie Honig Müngersdorff nicht kennen, kennen Sie Köln nicht«, hat einmal der Egon-Erwin-Kisch-Preisträger Hans Conrad Zander gesagt. Mit dem angeschlossenen Handel von Imkereibedarf ist der Betrieb deutschlandweit bei Bienenzüchtern bekannt.

Das »beste Honiggeschäft der Welt« (Zander) führt Heinz-Josef Müngersdorff in fünfter Generation. »Mein Urururgroßvater war Winzer«, sagt Wolfgang Müngersdorff, die sechste Generation. »Er hat den Honig zum ›Weinschönen‹ benutzt.« Als das nicht mehr erlaubt war, habe der Winzer den Honig-Geschäftszweig übernommen und die Geschäfte mit dem Wein seinem Sohn übergeben.

»Honig ist unsere Leidenschaft. Lecker, gesund und abwechslungsreich im Geschmack – von aromatisch-herb bis zu süßlich-mild.« Neben deutschem Bienenhonig – darunter natürlich Kölner Honig – werden im Geschäft auch ausländische Spezialitäten angeboten: aus Spanien, Mexiko oder Neuseeland. Nur eigene Bienenvölker hat Müngersdorff nicht mehr. Sie schwirrten bis 1998 um den Standort in der Hornstraße.

»Beim Wein sind es die Traube, die Lage und die Region, die den Geschmack bestimmen. Beim Honig sind die Trachtquelle (Blühfläche) und das Pollenspektrum für den Geschmack entscheidend.« Und auch Honig müsse man probieren, um seine Lieblingssorte zu finden, erklärt Wolfgang Müngersdorff und schlägt so die Brücke zwischen Honig und Wein, zwischen seinem Lieblingsprodukt und dem seines Urururgroßvaters, des früheren Winzers.

Adresse An St. Agatha 37, 50667 Köln (Altstadt-Nord), Tel. 0221 / 22204998, www.honig-muengersdorff.de, E-Mail: koelner-honighaus@freenet.de | **ÖPNV** Bahn 1, 7, 9, Haltestelle Heumarkt | **Öffnungszeiten** Mo–Fr 10–18 Uhr, Sa 10–16 Uhr | **Bonus** Bei einem Einkaufswert von 15 Euro erhalten Kunden bei Honig Müngersdorff gegen Vorlage dieses Buches einmalig einen Preisnachlass von 1,50 Euro. Ist die Einkaufssumme höher als 15 Euro, gibt Ihnen der Laden einmalig 20 Prozent Rabatt (siehe Seite 237).

53 Hörgeräte Lorsbach

Im Tonstudio mit dem Mann im Ohr

Eine 5.1 Dolby-Surround-Anlage, eine M-Tec-Platte, eine Million Einstellparameter und Tausende akustische und optische Klang- und Bildbeispiele. Trotz dieser Technik und mit Noppenschaum verkleideter Wände befinden sich die Besucher nicht in einem Tonstudio, sondern in einer der 16 Filialen von Hörgeräte Lorsbach im Kölner Raum.

Die Inhaber haben auf der Aachener Straße in ihrem Braunsfelder Zweiggeschäft eine für Köln einzigartige Multimedialounge gebaut, die den Kunden lästige Lauferei ersparen soll. Der »normale Weg« beim Einstellen von Hörgeräten ist, dass die Kunden nach dem Justieren, das isoliert in einer Kabine stattfindet, nach Hause gehen und das Gerät drei Wochen ausprobieren. Dann wird nachgestellt und weiter ausprobiert. »In der Multimedialounge können wir dagegen mit individualisierten Signalen aus allen gängigen Lebensbereichen für die Kunden typische Situationen nachbilden«, erklärt Filialleiter Sven Büker. Arbeiter in Blaumännern sitzen bei Pommes und Zaziki in einer Kantine – nur eine von vielen Szenen aus dem Repertoire. »Wenn ein Kunde seinen Chef zum Beispiel beim Geklapper des Geschirrs nicht verstehen kann, können wir das genau imitieren – und dabei das Hörgerät einstellen.«

Büker fällt indes auf, dass die Hörgeräte-Klientel immer jünger werde. »Früher hatten wir das 60-plus-Klientel, heute eher 45 plus.« Für diese eher aktiven Menschen sei die Multimedialounge auch am besten geeignet.

Sie wurde bewusst offen konstruiert, »damit wir beim Anpassen den Lärm von der Straße mit dabeihaben«. Im Prinzip sei die Anlage sonst einem Tonstudio ähnlich, erklärt Peter Maciol von der Firma Akustikbau Maciol, die die Lounge, eine Spezialanfertigung, in circa drei Wochen gebaut hat. Die Anpassung eines Hörgerätes in der modernen Anlage dauert dagegen nach Angaben der Akustiker nur etwa eine Stunde.

Adresse Aachener Straße 531, 50933 Köln (Braunsfeld), Tel. 0221 / 544751,
www.hoergeraete-lorsbach.de, E-Mail: info@hoergeraete-lorsbach.de | **ÖPNV**
Bahn 1, Haltestelle Maarweg | **Öffnungszeiten** Mo, Di, Do, Fr 9 – 18 Uhr, Mi 9 – 13 Uhr |
Bonus Gegen Vorlage dieses Buches können Sie in einer der Filialen von Hörgeräte
Lorsbach kostenlos eine computerunterstützte Höranalyse bei Ihnen durchführen lassen.
Außerdem erhalten Sie einmalig einen »LaserLite«-Gehörschutz gratis (siehe Seite 237).

54 Hülden Schrauben

Der Herr über 18.000 Gewinde

Der Titel »Schraubenkönig von Köln« gefällt dem Hülden-Geschäftsführer nicht so gut. Dabei hat der seit über 120 Jahren existierende Familienbetrieb in Sülz etwa 18.000 verschiedene Schrauben auf Lager – für die Feinmechanik genauso wie für den Anlagenbau. Lieferbar sind über 50.000 Modelle, die sich nach Norm, Abmessung, Werkstoff und Oberfläche unterscheiden. »Wir sind die Spezialisten«, erklärt Paul Kellerwessel und zeigt zum Beweis eine kaum sichtbare M1-Schraube mit einem Gewindedurchmesser von einem Millimeter.

»Bei uns bekommen Sie noch eine einzelne Schraube«, sagt Kellerwessel. Ob Spiegelreflexkamera-Fotografen, Mountainbike-Fahrer oder Schlosser: Kunden schwören bei der Suche nach einer ungewöhnlichen Mutter oder deren Gegenstück auf die große Auswahl bei Hülden. »M1-Schrauben oder zwei Meter lange Gewindestangen wird man im Baumarkt kaum finden.«

August Hülden, Kellerwessels Großonkel, gründete die Firma 1888 als kleines Eisenwarengeschäft am Perlengraben. Mit seinem gut sortierten Lager versorgte er vor allem Handwerker und kleine Werkstätten. Wegen des Baus der Severinsbrücke zog das Geschäft 1958 in die Trierer Straße um. Seit 1987 befindet sich Hülden schließlich in der Weißhausstraße in Geschäftsräumen mit rund 1.200 Quadratmetern.

Lediglich zehn Prozent der Käufer sind nach Angaben von Kellerwessel Privatkunden, vom »ambitionierten Heimwerker bis zum Profihandwerker«. Die gewerblichen Kunden, wie Bau- und Installationsunternehmer, kaufen bei Hülden neben Dübeln und Schrauben auch Hand- und Elektrowerkzeuge. »Mit allen Geräten, die wir verkaufen, kann ich einigermaßen umgehen«, verrät der promovierte Wirtschaftswissenschaftler. Das erwarte er auch von seinen Mitarbeitern. Denn der Herr über 18.000 Gewinde ist sich sicher: »Im Facheinzelhandel ist neben der Warenqualität kompetente Beratung entscheidend.«

Adresse Weißhausstraße 7, 50939 Köln (Sülz), Tel. 0221/476080, www.huelden.de, E-Mail: verkauf-koeln@huelden.de | **ÖPNV** Bahn 18, Haltestelle Weißhausstraße | **Öffnungszeiten** Mo–Fr 8–12.30 und 13.15–17 Uhr (Sa nur Notdienst für gewerbliche Kunden nach vorheriger Anmeldung 8–12 Uhr) | **Bonus** Ab einem Einkaufswert von 50 Euro erhalten Kunden bei Hülden gegen Vorlage dieses Buches einmalig einen Preisnachlass von 5 Prozent (siehe Seite 237).

55 John Crocket

Mit Cashmere aus dem Kofferraum ging es los

Es fing an mit Kofferraum-Verkäufen. In den 80er Jahren war Thomas Schmitz aufgefallen, dass die Qualität der Cashmere-Pullover, die es an seinen Studienorten im irischen Dublin und englischen Exeter gab, der Güte der Artikel, die bis dato auf dem deutschen Markt erhältlich waren, bei Weitem überlegen war. Also brachte er regelmäßig Cashmere-Pullover von der britischen Insel mit, verkaufte sie an Freunde und in Tennis- und Reitclubs in der Heimat, um sein Studium zu finanzieren.

John Crocket, die Firma, die Schmitz dann 1987 samt Label gründete, ist mit seinem landesweit einzigartigen Angebot zu Kölns erster Adresse für klassische englische Mode geworden. »Kein zweiter Anbieter in England und Deutschland hat Cashmere- und Lambswool-Pullover in so vielen Farben im Sortiment«, sagt Schmitz. Die 3,20 Meter hohen Regale im Laden sind bis fast unter die hohe Altbaudecke mit Pullovern in vielen verschiedenen Qualitäten und Modellen gefüllt. Allein die beiden Cashmere-Modelle gibt es in über 30 Nuancen, bei den Lambswool-Pullovern können Kunden sogar zwischen 60 Farben wählen.

Abgesehen von den Dufflecoats, den klassischen dreiviertellangen Kapuzenmänteln, wählt er für alle Artikel die Stoffe selbst aus und lässt sie von seinem Label produzieren – auch die rahmengenähten Schuhe, deren Sohlenleder klassisch in Eichenloh-Grubengerbung hergestellt wird. Zudem gibt es in dem Geschäft, das drei Viertel seines Umsatzes über den Versand macht, eine große Auswahl an Anzügen, Cordhosen, Vollzwirn- und Doppelzwirn-Hemden, Krawatten und Tweedsakkos. Für alle Produkte sei die lange Haltbarkeit charakteristisch, so Schmitz. Auf einer Modemesse erkannte einmal ein Kollege an der Farbe seines Pullovers, dass dieser schon 25 Jahre alt war. »An dem Pullover war nichts auszusetzen.« Damit könnte das gute Stück fast noch aus der Zeit der Kofferraum-Verkäufe stammen.

Adresse Friesenstraße 50, 50670 Köln (Altstadt-Nord), Tel. 0221 / 2583134, www.john-crocket.eu, E-Mail: shop@john-crocket.eu | **ÖPNV** Bahn 3, 4, 5, 12, 15, Haltestelle Friesenplatz | **Öffnungszeiten** Mo–Fr 10.30–18.30 Uhr, Sa 10–16 Uhr | **Bonus** Ab einem Einkaufswert von 50 Euro erhalten Kunden bei John Crocket gegen Vorlage dieses Buches einmalig einen Preisnachlass von 5 Euro; dieses Angebot gilt bis zum 28. Februar 2013 (siehe Seite 237).

56 Kaffee Schamong

Eine Trommel voll Traditionskaffee

Es duftet nach frisch gebrannten Bohnen, wenn man die älteste Kölner Traditions-Kaffeerösterei auf der Venloer Straße betritt. Besonders, wenn Mirko Schamong und Holger Nagel werktags gegen 11 Uhr ihre Röstmaschine Probat UG 15n anstellen, mit der bereits seit einem halben Jahrhundert gebrannt wird. Die Familie Schamong röstet in Ehrenfeld Kaffeebohnen im schonenden Langzeitverfahren. Kunden können an mehreren Tischen die Spezialitäten gleich ausprobieren – ein Genuss allein schon der Duft, der ihnen dabei in die Nase steigt.

Bis zu 20 Minuten bleiben die Rohkaffeebohnen bei 200 Grad im Trommelröster, bevor die Mitarbeiter sie von Hand sortieren – auf einem Verlesetisch von 1948. Mirko Schamong kennt die Vorteile der Langzeitröstung, die industrielle Großröstereien in der Regel nicht anwenden: »Unerwünschte Säuren werden abgebaut, und die natürlichen Aromen entfalten sich besser.« Das Resultat: aromatischer und bekömmlicher Kaffee, der in insgesamt sechs Röstungen von hell bis dunkel angeboten wird. Der verwendete Rohkaffee stammt dabei aus Süd- und Zentralamerika, Afrika und Asien.

Die Anfänge des Ladens auf der Venloer Straße, zunächst als Filiale der Rösterei Lülsdorff, gehen bis ins Jahr 1949 zurück. »Als eigene Marke gibt es uns dann seit 1960«, erzählt Mirko Schamong, der seit 2008 das Geschäft im Team mit weiteren Familienangehörigen leitet. Sein Urgroßvater Josef Schamong gründete die Rösterei – schon damals mit dem Ziel, den Kölnern Kaffee von besonderer Qualität anbieten zu können.

Heute gehören neben sortenreinen Kaffees auch Raritäten zum Sortiment des Geschäfts. »Wir haben uns auf den Spezialitätenkaffeesektor beschränkt.« Der »Galápagos Isla Santa Cruz«-Kaffee zum Beispiel wächst auf erloschenen Vulkanen. Hinzu kommen Espressi, Schonkaffees und Mischungen wie die »Kölner Melange«, deren Geschmack Kaffeekenner als rassig und fruchtig beschreiben.

Adresse Venloer Straße 535, 50825 Köln (Ehrenfeld), Tel. 0221/544938, www.kaffeeroester.de, E-Mail: kaffeeroester@schamong.com | **ÖPNV** Bahn 3, 4, Haltestelle Leyendeckerstraße | **Öffnungszeiten** Mo–Fr 9–18 Uhr, Sa 9–14 Uhr | **Bonus** Bei Kaffee Schamong erhalten Sie einmalig als kleines Dankeschön für Ihren Besuch gegen Vorlage dieses Buches einen Espresso gratis (siehe Seite 237).

57__Käsehaus Wingenfeld

Die Halve-Hahn-Spezialisten

Die kölsche Spezialität Halve Hahn schmeckt nur richtig gut mit Qualitäts-Gouda aus dem Norden Hollands, meint Barbara Wilke, die Inhaberin des ältesten Kölner Käsegeschäfts. Diesen besonders geschmacksintensiven Gouda, den es ausschließlich im Fachhandel gebe, beziehen laut Wilke etliche Kölner Brauhäuser vom Käsehaus Wingenfeld. Nur fünf Prozent des im Handel verkauften Goudas komme übrigens aus dem nördlichen Holland, wo an der salzhaltigen Luft die Kühe noch frisches Gras fressen können, erklärt die Käsespezialistin. Entsprechend lecker sei dieser Gouda – als »Noord-Hollandse Gouda« sogar eine geschützte Ursprungsbezeichnung.

Im Eckladen auf der Ehrenstraße gibt es aber noch viel mehr: 350 Käsesorten gehören zum Sortiment des Traditionsgeschäfts, das seit 1896 existiert und selbst Kunden aus dem Umland anzieht. In einer Theke mit individuell regulierbarer Kühlung und Befeuchtung – Rohmilchkäse muss zum Beispiel etwas wärmer gelagert werden – bietet das Team Käse aus bis zu zehn verschiedenen Herkunftsländern an. Zum größten Teil stammen die Produkte von kleinen Bauernhöfen. »Am besten laufen die Klassiker. Da braucht man nicht viele Experimente zu machen«, sagt die Inhaberin, die von Käse als »lebendigem Produkt« schwärmt und diesen auf Bestellung den Kunden auch per Post nach Hause schickt.

Neben Weinen und Feinkost-Lebensmitteln werden auch Käse- und Wein-Seminare angeboten. Im Käsehaus können Kunden zudem Raclette-Öfen ausleihen, in die jeweils ein ganzer Laib eingespannt werden muss; die oberste Schicht beginnt dann zu schmelzen und wird über Kartoffeln geschabt. Auch Fondue-Mischungen reiben die Käsespezialisten nach original Schweizer Rezepten individuell und frisch. Kinder bekommen beim Einkauf mit ihren Eltern übrigens eine Scheibe jungen Gouda geschenkt. Auf den Geschmack des mittelalten Halve-Hahn-Gouda kommen sie noch früh genug.

Adresse Ehrenstraße 90, 50672 Köln (Altstadt-Nord), Tel. 0221 / 253341, www.kaesehaus-wingenfeld.de, E-Mail: kaese@kaesehaus-wingenfeld.de | **ÖPNV** Bahn 3, 4, 5, 12, 15, Haltestelle Friesenplatz | **Öffnungszeiten** Mo – Fr 10 – 19 Uhr, Mai – Okt. Sa 9 – 17 Uhr; Nov. – April Sa 9 – 18 Uhr | **Bonus** Ab einem Einkaufswert von 20 Euro erhalten Kunden im Käsehaus Wingenfeld gegen Vorlage dieses Buches einmalig einen Preisnachlass von 10 Prozent (siehe Seite 237).

58 Klosterfrau Melissengeist

Mit Beistand von oben und den Preußen

Über 90 Prozent der Deutschen kennen das blaue Logo mit den stilisierten Nonnen im gotischen Spitzbogen. Klosterfrau Melissengeist gehört zu den erfolgreichsten rezeptfreien Arzneimitteln des Landes. Die dahinterstehende Kölner Klosterfrau-Gruppe ist eines der führenden Unternehmen im Selbstmedikationsmarkt. Ein Welterfolg, der 1826 mit einer Nonne in Köln anfing. »An den Klöstern zu Coesfeld und Brüssel erlernte ich die Kunst, das ächte Carmeliter- oder Melissenwasser zu verfertigen«, annoncierte die 1775 geborene Maria Clementine Martin damals.

Gerüstet durch Studien in Konvent-Apotheken sowie geprägt durch einen Sanitätereinsatz auf dem Waterloo-Schlachtfeld, kommt die Nonne 1825 im Alter von 50 Jahren nach Köln. Über 60 Kölnisch-Wasser-Hersteller streiten sich zu dieser Zeit dort um Marktanteile und Namensrechte. Dennoch beginnt sie nahe dem unfertigen Dom mit der Destillation eines Kölnisch Wassers und Karmelitergeistes. Die Klosterfrau setzt dabei nicht nur auf Qualität, für die sie mit ihrem Namen bürgt, und Beistand von oben (»Der Himmel segnete meine Unternehmung«), sondern schützt ihre Marke auch. Der König erlaubt ihr, den Preußen-Adler auf ihre Flaschen zu drucken. Der Schachzug geht auf – die Nachahmer trauen sich nicht, das Wappen ebenfalls zu verwenden.

Das Destillat mit 79 Prozent Alkohol aus Melisse, Ingwer, Enzian und zehn weiteren Heilpflanzen wird seit 1962 nicht mehr in Köln produziert. Bis heute wird es aber bei Erkältungen, Unruhe, Magen-Darm-Problemen und Verspannungen eingesetzt. »Seine Wirksamkeit wurde wissenschaftlich bewiesen«, sagt Klosterfrau-Chef Friedrich Neukirch und fügt über die Firmengründerin hinzu: »Maria Clementine Martin war eine engagierte Frau, die ihresgleichen sucht. Sie war im Hinblick auf Selbstständigkeit, Vertriebsstrategie, Marketing und Mut zum unternehmerischen Risiko ihrer Zeit weit voraus.«

Adresse Gereonsmühlengasse 1–11 (nur Verwaltung), 50670 Köln (Altstadt-Nord),
Tel. 0221/16520, www.klosterfrau.de, E-Mail: dialog@klosterfrau-service.de | **ÖPNV**
Bahn 12, 15, Haltestelle Christophstraße/Mediapark | **Öffnungszeiten** Paradies
Apotheke: Mo–Fr 8.30–19 Uhr, Sa 9–16 Uhr | **Bonus** Klosterfrau Melissengeist gibt
es in Drogerien, Kaufhäusern und Apotheken – auch in der ältesten Apotheke Kölns
(gegründet 1618): In der Paradies Apotheke (Severinstraße 162a) bekommen die ersten
111 Besucher gegen Vorlage dieses Buches jeweils ein limitiertes, nicht im Handel
erhältliches, schmuckes Klosterfrau-Dosiergläschen (siehe Seite 237).

59 Kölner Maßkleidungsmanufaktur

Für große Banker und tanzende Kajüten-Geister

Dirk Bachhausen ist zwei Meter groß und war Bankkaufmann. Anzugpflicht. Eine schwierige Konstellation: »Ständig sind mir die Hemden aus der Hose gerutscht.« Jahrelang ließ er einen Schneider fünf Zentimeter Stoff an seine Hemden nähen, bis er das von Dieter Kuhl gegründete Maßhemden-Label Dikay51 für sich entdeckte. Später versorgte Bachhausen seine Kollegen mit den Maßhemden. Seit Oktober 2010 bietet er – die Bank hat er verlassen – als selbstständiger Vertriebspartner maßgeschneiderte Anzüge, Hemden, Hosen, Mäntel und Poloshirts in einem Atelier in Niehl an.

Armlänge, Brust-, Hals- und Manschettenweite: In der »Maßkleidungsmanufaktur« ermittelt Bachhausen mit einem 150 Zentimeter langen gelben Band zehn Werte seiner Kunden. Nur einmal musste ein zweites Maßband her; der Bauchumfang eines Herrn war größer, als es ein einzelnes Messinstrument hergab.

Die Kunden können aus 200 Baumwollstoffen und sieben Kragenformen auswählen, sich neben vielen weiteren Möglichkeiten die Bestickung der Knopflöcher, die Knopflochfarbe, die Verwendung der eigenen Initialen und selbst eine andere Farbe für Ärmel oder Kragen aussuchen.

»Wir verkaufen Vollmaßhemden«, betont Bachhausen. Für jeden wird ein individueller Schnitt angelegt, anstatt von einer Größe ausgehend Anpassungen vorzunehmen. Vier Wochen nach der Vermessung und nach bis zu 50 Stunden Arbeit der Näherinnen pro Hemd können sich die Kunden ihr Maßhemd bei Bachhausen abholen, der eine »Passformgarantie« gibt. Bei Bedarf wird nachgebessert, bis der Käufer ein »perfektes Hemd« hat. Auf die Arbeit der Maßkleidungsmanufaktur stehen übrigens nicht nur Leute mit Anzugpflicht im Job. Bachhausen hat kürzlich das Tanzcorps »Kajüten-Geister« mit maßgeschneiderter Kleidung ausgestattet.

Adresse Friedrich-Karl-Straße 107, 50735 Köln (Niehl), Tel. 0221/7122713, www.dikay51-deutschland.de, E-Mail: info@dikay51-deutschland.de | **ÖPNV** Bus 147, Haltestelle Friedrich-Karl-Straße/Niehler Straße | **Öffnungszeiten** Di–Fr 10–17 Uhr, Sa 10–14 Uhr | **Bonus** Gegen Vorlage dieses Buches erhalten Sie von der Maßkleidungsmanufaktur einmalig ein Maßhemd zum vergünstigten Preis von 59,95 Euro (statt regulär 69,95 Euro). Alternativ erhalten Sie einmalig 10 Euro Preisnachlass auf ein anderes Maßkleidungsstück (siehe Seite 237).

60__Konditorei Klüppelberg

Schlange stehen bei den Marzipantörtchen-Meistern

Sie sind fünf mal fünf Zentimeter groß, und für ihre Zubereitung ordert der Chef jede Woche bis zu 200 Kilogramm Marzipan. Die Rede ist von den Marzipantörtchen der Konditorei Klüppelberg in Höhenberg. »25 Törtchen – bunt gemischt«, ruft ein Kunde, noch in der Ladentür stehend, während fünf weitere Kunden vor ihm in der Schlange schon mehrere Bestellschritte weiter sind. »Die Marzipantörtchen sind der Oberknaller«, begründet ein Mann den Andrang, der vor allem sonntags auf der Olpener Straße herrscht.

Die Törtchen mit dem Marzipanrand, die weggehen wie warme Semmeln, hat Rolf Klüppelberg, der Vater des jetzigen Konditorei-Inhabers, erfunden, als er 1961 an süßem Gebäck für seine Meisterprüfung rumtüftelte. Vor allem in den vergangenen 15 Jahren haben sich die Törtchen zu einem Verkaufsschlager entwickelt. Der heutige Chef Udo Klüppelberg führt das von seinem Großvater 1921 gegründete Geschäft seit 2009.

Ob mit Erdbeeren, Kirschen, Kiwi, Stachelbeeren, Himbeeren, Ananas oder Waldbeeren – Klüppelberg bemüht sich, täglich 13, 14 Sorten der Marzipantörtchen vorrätig zu haben, die es für Preise um einen Euro gibt. »Wir setzen auf alte Handwerkskunst.« Jedes Gebäckstück sei in einem mit Holz befeuerten Ofen gebacken worden. »Da sind wir die einzige Konditorei in Köln«, sagt der Konditormeister.

»Mit Sahne oder ohne?«, fragt er den Kunden, der inzwischen den finalen Bestellschritt erreicht hat und an der Kasse steht. Drei Verkäuferinnen und ihr Chef nehmen an diesem Sonntag die Herausforderung mit der langen Schlange an Kunden an. Im Regal hinter ihnen stapeln sich leere Bleche bis unter die Decke. »25 Törtchen und sechs Stücke Kuchen«, ruft der Kunde, der momentan auf Position Türschwelle steht. »Ich wünsche Ihnen einen schönen Nachmittag«, verabschiedet derweil Klüppelberg sein Gegenüber. Dazu dürfte der Verzehr der Törtchen beitragen.

Adresse Olpener Straße 262, 51103 Köln (Höhenberg), Tel. 0221/878779, www.konditorei-klueppelberg.de, E-Mail: info@konditorei-klueppelberg.de | **ÖPNV** Bahn 1, Haltestelle Höhenberg Frankfurter Straße | **Öffnungszeiten** Di, Sa 8.30–17 Uhr, Mi–Fr 8.30–18 Uhr, So 10.30–17 Uhr | **Bonus** Die Konditorei Klüppelberg schenkt Ihnen einmalig gegen Vorlage dieses Buches ein Marzipantörtchen Ihrer Wahl zum Probieren (siehe Seite 237).

61 Der Korbmacher

Flecht-Crashkurs bei Big Brother

Etwa 30 bis 50 Korbmachermeister gibt es in Deutschland. Michael Steinberg ist einer von ihnen, der einzige weit und breit im Umkreis der Domstadt. »Es gibt nicht viele, die aus Weide und Rattan individuelle Anfertigungen und Designs anbieten.« Seit Februar 2000 führt er das frühere »Korbhaus Kiel«, wo er Korbmöbel entwirft und repariert sowie interessante Hintergrundinformationen seines Handwerks weitergibt.

Woran erkennt man einen Korbmachermeister? An seinen kräftigen Händen. Das fällt bei Michael Steinberg sofort auf. Er hat so kräftige Finger, wie man sie bei Ringern oder Masseuren vermuten würde. Von Kindheit an ist der gebürtige Berliner mit seinem Handwerk verflochten. Bereits als Schüler half er in der väterlichen Werkstatt, Korbhenkel zu reparieren. Steinbergs Großvater? Ebenfalls Korbmachermeister, spezialisiert auf das Herstellen von Möbeln.

»Das Entwerfen von Sesseln und Sofas aus unterschiedlichem Flechtwerk ist wie bei meinem Opa auch mein Steckenpferd«, sagt Steinberg. Die heutigen Produkte, wie selbst entworfene Flechtsofas und -betten, lässt Steinberg in Italien herstellen. In seiner Werkstatt repariert er vor allem Korbmöbel, verpasst zum Beispiel den legendären Designerstühlen von Michael Thonet fachkundig ein neues, dem Original entsprechendes Sitzgeflecht.

Auch Möbel aus Kunststofffasern weist er nicht zurück. »Autos fahren auch nicht mehr mit Vollgummireifen.« Sein Handwerk gehe mit der Zeit, wobei eine neue hochwertige Kunstflechtfaser traditionelle Materialen nicht ersetze. »Auch mit Fasern aus Kunststoff ist es handwerkliches Flechten«, erklärt der Korbmachermeister, der sein Wissen nicht nur schon an Flechter in Laos und Kambodscha weitergegeben hat, sondern auch in einem Crashkurs an die Big-Brother-Kandidaten der ersten Staffel. Ob Ex-Bewohner Jürgen jetzt weiß, welche Herkunft das Wort »Wand« hat? Fragen Sie Steinberg in seinem Geschäft.

Adresse Mühlenbach 55, 50676 Köln (Altstadt-Süd), Tel. 0221/212931, www.derkorbmacher.de, E-Mail: info@derkorbmacher.de | **ÖPNV** Bahn 1, 7, 9, Haltestelle Heumarkt | **Öffnungszeiten** Mo–Fr 10–18 Uhr, Sa 10.30–14 Uhr | **Bonus** Ab einem Einkaufswert von 50 Euro erhalten Kunden von Michael Steinberg einmalig gegen Vorlage dieses Buches einen Preisnachlass von 5 Euro (siehe Seite 237).

62 Kunstbuchhandlung Walther König

Schätze in gedruckter Form

Die Kunstbuchhandlung Walther König ist eine der besten Adressen für Kunstinteressierte. Sie bietet eine große internationale Auswahl an Büchern zu Malerei, Fotografie, Design, Architektur und ästhetischer Theorie. Das Eckschaufenster, häufig von Künstlern gestaltet, präsentiert die aktuellen Titel. »Das Fenster ist unsere Visitenkarte«, sagt Franz König, der Buchhandlung und Verlag mit seinem Vater Walther König vom Haus auf der Ehrenstraße leitet. Drinnen bemühen sie sich, auf mitunter drei Meter hohen Regalen »alles abzubilden, was auf dem weltweiten Kunstmarkt passiert«.

Walther König gründete die Buchhandlung 1969. Ein Jahr zuvor hatte er mit seinem Bruder Kaspar König den Verlag ins Leben gerufen. Mittlerweile gibt es Filialen in zehn deutschen Städten sowie in Wien und London. Als sich in den 60er Jahren der Kunstmarkt in Köln formierte, wollte die Fachbuchhandlung dessen Entwicklung begleiten. Das war und ist das Konzept. »Auch wenn wir ein großes wissenschaftliches Angebot haben, sind wir keine streng akademische oder philosophische Buchhandlung, sondern bieten Bücher aus allen Gebieten, die für Künstler von Interesse sind. Und das sind viele. Danach haben wir unser Sortiment ausgerichtet.«

Hinter einem Raum mit Exemplaren aus Restauflagen gelangen Kunden ins Zentrum der Buchhandlung: Alphabetisch sortiert stehen dort Monografien und Ausstellungskataloge klassischer und zeitgenössischer Künstler. Nach oben geht es ins »Herz der Buchhandlung« (Franz König) – in den Künstlerbuchraum, für den neben den Königs nur die Antiquarin einen Schlüssel hat. »Wir beschützen unsere Schätze.« In dem Raum steht Kunst in Buchform, seltene Werke, deren Autoren Künstler sind. Wie eine 1968 nachts auf IBM-Druckern in New York gefertigte Publikation von Alison Knowles. Das wohl erste computergestützt erstellte Gedicht. Das erste von König verlegte Buch.

Adresse Ehrenstraße 4, 50672 Köln (Altstadt-Nord), Tel. 0221 / 205960, www.buchhandlung-walther-koenig.de, E-Mail: order@buchhandlung-walther-koenig.de | **ÖPNV** Bahn 1, 7, 12, 15, Haltestelle Rudolfplatz | **Öffnungszeiten** Mo–Do 10–19 Uhr, Fr 10–20 Uhr (im Sommer 10–19 Uhr), Sa 10–19 Uhr | **Bonus** Gegen Vorlage dieses Buches schenkt Ihnen die Kunstbuchhandlung Walther König einmalig eine Kunstpostkarte aus dem Gebrüder-König-Postkartenverlag (siehe Seite 237).

63 Kunst und Antiquitäten Mauro Corradino

TV-Trödler aus Tradition

Corradino ist Antiquitätenhändler, quasi sieben Tage die Woche: Von Montag bis Freitag restauriert und verkauft er in seinem Geschäft am Rudolfplatz antike Möbel. An etlichen Wochenenden ist der Italiener zudem für den RTL2-»Trödeltrupp« in Deutschland unterwegs. Ganz im Sinne des Untertitels der Dokusoap »Das Geld liegt im Keller«, hilft er Menschen dabei, alte Gegenstände zu verkaufen. Zu viel wird ihm das nicht. »Andere würden sich darum reißen, wenn sie das tun könnten, was ich mache.«

In seinem Laden, den er 2006 von seinem Onkel Walter Bohn übernommen hat, verkauft Corradino neben ein bisschen Trödel vor allem Möbel aus der Zeit bis 1850: Kommoden, Standuhren, Kleiderschränke, Sekretäre und Sessel des Klassizismus und der Biedermeierzeit. Der gelernte Kinderpfleger und IT-Systemkaufmann, der sich, wie er sagt, der Klassik verschrieben hat, schätzt die Möbel dieser Epochen als »geradlinig und allgemeingültig schön«.

Viele Stücke erwirbt Corradino in unrestauriertem Zustand und arbeitet sie in seiner Werkstatt fachgerecht auf. »Ich arbeite genau wie vor 200 Jahren«, sagt er. Dabei profitiert er von den Erfahrungen seines Vaters und Großvaters. Auch sie restaurierten nebenbei altes Mobiliar. »Ich versuche, antike Möbel wieder so authentisch wie möglich hinzubekommen.« Woher Corradino sie bezieht, will er allerdings nicht verraten. Nur so viel: Viele Stücke kauft er in Italien, obwohl sie ursprünglich in Deutschland hergestellt wurden.

Im Fernsehen ist er indes seit 2005 als Antiquitätenhändler zu sehen. Zunächst in einer Sendung von Kabel eins, in der ihm Gegenstände zum Kauf angeboten worden sind. »Da bin ich wohl positiv aufgefallen.« So dreht er seit 2008 für den »Trödeltrupp«. So manches Mal sei er dabei schon geschockt gewesen, wie Menschen leben. Aber: »Einen Trödelschatz habe ich noch bei jedem Dreh entdeckt.«

Adresse Marsilstein 6, 50676 Köln (Altstadt-Süd), Tel. 0221 / 216696, www.mc-antik.de,
E-Mail: koeln@mc-antik.de | **ÖPNV** Bahn 1, 7, 12, 15, Haltestelle Rudolfplatz, oder
Bahn 9, Haltestelle Mauritiuskirche | **Öffnungszeiten** Mo – Fr 10.30 – 18 Uhr,
Sa 10 – 16 Uhr | **Bonus** Gegen Vorlage dieses Buches schenkt Ihnen Mauro Corradino
bei einem Besuch seines Geschäfts einmalig eine »Trödeltrupp«-Autogrammkarte (siehe
Seite 238).

64__ Labbé Kinder-Bastelladen

Große Bühne für eine kreative Institution

»Malen nach Zahlen«-Bilder gibt es bei Labbé nicht. »Bei uns stehen Kreativität und Selbermachen im Vordergrund«, erklärt Jonas Labbé. Von einer Kölner Institution, die seit 1958 mit ihrem Hinterhofladen im Belgischen Viertel aber immer ein wenig Geheimtipp geblieben war, hat das Geschäft mit dem Umzug im Sommer 2012 in ein leer stehendes Theater seine preisgekrönten Onlinekonzepte in die reale Welt transportiert. Das »zzzebra Netz« aus dem Labbé-Verlag war 2009 als Kinderparadies »ohne Gewalt, Werbung, Krach und Blink« mit dem Grimme Online Award ausgezeichnet worden.

Rolf Dan Labbé (Idol: Robinson Crusoe) hatte während der entstehenden Do-it-yourself-Bewegung den Laden von Beginn an als Spezialgeschäft für bildnerisches Gestalten in Schulen und Kindergärten konzipiert. Sohn Micha Labbé hatte später neben Bastelmaterialen eigene Verlagsprodukte integriert, die Freiraum für Ideen lassen und mit denen die Kinder nebenbei noch etwas lernen – über Natur, Geschichte und ferne Länder.

»Wunderbar!« Enkel Jonas Labbé ist auch heute noch begeistert, wenn ein achtjähriges Kind mit Hilfe einer Schritt-für-Schritt-Anleitung am Ende einen selbst gebastelten Regenbogenkreisel in den Händen hält. »Wir verstehen uns als Zentrum für Kinderkultur.« Im Geschäft mit Werkbänken zum Ausprobieren finden auf der Bühne – auf der einst die Blauen Funken tanzten – Lesungen und Bastelkurse statt. Davor gibt es Fäden, Farben, Federn, Papiere, Perlen, Pinsel und Stifte. Labbé hatte Ende der 70er Jahre als erstes Unternehmen in Deutschland unlackierte Bleistifte vertrieben, später entwickelte man Recyclingpapier.

Übrigens, zum Credo des Familienbetriebs passend, hatte der Firmengründer einst den goldfarbenen Labbé-Schriftzug selbst ausgesägt. Nach Jahrzehnten an der Fassade des verträumten Hinterhofladens schmücken die einen Meter hohen Holzbuchstaben nun den Innenhof der »Ideenfabrik«.

Adresse Albertusstraße 13, 50667 Köln (Altstadt-Nord); Tel. 0221/210295; www.labbe.de, E-Mail: labbe@labbe.de | **ÖPNV** Bahn 3, 4, 5, 12, 15, Haltestelle Friesenplatz | **Öffnungs-zeiten** Mo−Fr 10−19, Sa 10−18 Uhr | **Bonus** Gegen Vorlage dieses Buches schenkt Ihnen Labbé einmalig einen Bastelbogen »Singvögel« zum Ausschneiden, Ausmalen und Aufhän-gen aus der eigenen Werkstatt (siehe Seite 238).

65 Der Laden mit der Maus

Kölns orange Botschafterin

Scit 1971 gibt es die »Sendung mit der Maus«, produziert vom WDR in Köln. Seit Ende 2011, pünktlich zum 40. Maus-Geburtstag, präsentiert sich der »Laden mit der Maus« in einem neuen Geschäftsraum in den WDR-Arkaden, direkt von der Breite Straße zu erreichen. »Die Maus lässt die Herzen von Alt und Jung höherspringen«, sagt Daniela Zilch, die den Laden leitet. »Maus, Elefant und Co. sind für Kinder als auch für Eltern alte Bekannte.« Schließlich wird die Sendung seit Generationen von der ganzen Familie gesehen.

Plüschfiguren, Kleidung, Bücher, CDs, DVDs, Schreib- und Spielwaren, Geschenkartikel: Hunderte Produkte rund um die »Sendung mit der Maus« und weitere WDR-Produktionen (Maulwurf, Käpt'n Blaubär, Shaun das Schaf, kleiner Eisbär) gibt es im »Maus & Co.«. Viele Produkte sind ausschließlich dort zu finden, wie zum Beispiel exklusive Eigenproduktionen von T-Shirts, Taschen oder Schlüsselanhängern.

Regale aus Holz, die Artikel nach Themen und Charakteren geordnet – der »Maus & Co.«-Laden steht nach Angaben der verantwortlichen WDR-Mediagroup für Wertigkeit und Kinderfreundlichkeit. »Es ist erwünscht, dass Kinder die Produkte auch anfassen können«, erklärt Zilch. Bestseller ist natürlich die orange Maus. Plüschfiguren von ihr gibt es im Laden in zwei Größen: 12 und 25 Zentimeter. Allein diese Kuscheltiere gehen pro Jahr laut Geschäftsauskunft über 2.000-mal über die Ladentheke.

Nach der Eröffnung des Maus-Ladens im Jahr 2000 überlegte der WDR übrigens, ob es auch Franchise-Filialen in anderen deutschen Städten geben sollte. Dies wurde jedoch nicht umgesetzt. Köln und die kleine Maus – das passt einfach am besten. Im Laden steht sie dutzendfach im Regal und wartet darauf, von ihren Fans gekauft zu werden, um dann als Kölns orange Botschafterin die Reise in die Kinderzimmer der Republik anzutreten.

Adresse Breite Straße 6–26, 50667 Köln (Altstadt-Nord), Tel. 0221/2572134, www.wdrshop.de | **ÖPNV** Bahn 3, 4, 5, 16, 18, Haltestelle Appellhofplatz/Breite Straße | **Öffnungszeiten** Mo–Fr 10–19 Uhr, Sa 10–18 Uhr

66 Landkartenhaus Gleumes

Die ganze Welt am Ring

»Die ganze Welt an einem Ort.« Mit diesem Slogan wirbt das Landkartenhaus Gleumes. Die Spezialbuchhandlung, die ihresgleichen in Deutschland sucht, verkauft am Hohenstaufenring Reiseführer aus aller Welt, Landkarten, darunter Satellitenkarten vom Himalaja oder Trekkingführer durch Ostafrika, daneben Globen, Kompasse und Höhenmesser – rund 80.000 Titel. »Wenn man sich jede Karte ansehen will, braucht man dazu zwei bis drei Jahre«, sagt Geschäftsführerin Helga Heinrichs. Jeweils nur ein Exemplar jedes Titels steht in den Regalen. Nachschub liegt jeweils in großer Stückzahl im Lager bereit.

Als Land- und Seekartenhandlung gründeten 1914 die Schwestern Margarethe und Louise Gleumes das Landkartenhaus in der Langgasse. Seit 1958 befinden sich Geschäft (300 Quadratmeter), Lager (1.000 Quadratmeter) und Großhandel im ehemaligen Colonia-Haus am Hohenstaufenring. »Alles, was in der Kartografie existiert, gibt es bei uns. Wir wollen von jedem Ort der Welt eine Karte haben.« Zum Sortiment gehören digitale Karten genauso wie topografische Karten, die eine Landschaft dem Maßstab entsprechend vollständig und geometrisch korrekt wiedergeben.

Gleumes mischt auch beim Geocaching mit, einer Art moderner Schnitzeljagd, und verkauft GPS-Geräte, die im Laden oder bei Kursen ausprobiert werden können. Zu den Kunden des Landkartenhauses, das auch regelmäßig Veranstaltungsabende, die »Gleumes-Events«, anbietet, gehören sowohl »in krachlederne Hosen gekleidete Wanderer, der 85-jährige Kölner, der durch die Wahner Heide spazieren will, als auch Achtjährige, die sich für einen aufblasbaren Weltglobus-Wasserball interessieren.« Heinrichs glaubt, dass Karten aus Papier auch in der digitalen Zeit Zukunft haben. »Eine Nebelwand, das GPS-Gerät fällt auf einen Stein und ist kaputt – kein Wanderer würde sich ohne Karte und Kompass zum Beispiel in die Alpen trauen.«

Adresse Hohenstaufenring 47–51, 50674 Köln (Neustadt-Süd), Tel. 0221/211550, www.landkartenhaus-gleumes.de, E-Mail: service@landkartenhaus-gleumes.de | **ÖPNV** Bahn 9, 12, 15, Haltestelle Zülpicher Platz | **Öffnungszeiten** Mo–Fr 9.30–18.30 Uhr, Sa 10–16 Uhr | **Bonus** Das Landkartenhaus Gleumes schenkt Ihnen einmalig beim Besuch in der Spezialbuchhandlung gegen Vorlage dieses Buches den »kleinsten Atlas der Welt« von Freytag & Berndt im Maßstab 1:80.000.000 (siehe Seite 238).

67__Lengfeld'sche Buchhandlung

Literarische Langzeitreisen

Eine Literaturlesung über 81 Monate: Von März 1997 bis November 2003 haben die Schauspieler Bernt Hahn und Peter Lieck in der Lengfeld'schen Buchhandlung zweimal im Monat aus dem siebenbändigen Roman »Auf der Suche nach der verlorenen Zeit« von Marcel Proust gelesen – ungekürzt. Am Ende entstand eine Hörbuchausgabe mit 135 CDs. Ein einmaliges Projekt der 1842 gegründeten Buchhandlung.

Im Laufe der vergangenen 170 Jahre betätigte sich das Geschäft auch als Leih- und Versandbuchhandlung. »Wir haben alte Leihbelege gefunden«, erzählt Carsten Saenger, der die Buchhandlung 1992 gekauft hat. Während sich die Vorbesitzer auf Werke zur DDR-Geschichte konzentriert hatten, hat sich Saenger auf gehobene und klassische Literatur spezialisiert. »Das ist einfach unser Thema.«

Der Inhaber und seine Angestellte Hildegund Laaff sind indes Mitglieder der ersten Stunde der Proust Gesellschaft, die 1982 zum 60. Todestag des französischen Schriftstellers in Köln ins Leben gerufen worden ist. Als ihr damaliger Chef ihr in den 60er Jahren aus Prousts monumentalem Hauptwerk vorlas, verliebte sich die Buchhändlerin doppelt – in den Autor und in den Rezitierenden, ihren späteren Mann: die Basis für die Lesung über 81 Monate, die stets für einen überfüllten Verkaufsraum sorgte.

Ihr Wechselgeld bekommen Kunden aus einer alten Registrierkasse. Rechnungen werden mit der Schreibmaschine getippt. Ein Sessel lädt zum Probelesen ein. In der Lengfeld'schen Buchhandlung fühlt man sich wie in einer anderen Zeit und Welt. Fremde Welten öffnen sich, so Laaff und Saenger, auch beim Lesen vieler ihrer Bücher. Zuletzt ging es mit jeweils 120 Zuhörern ins Deutschland des 20. Jahrhunderts. Bis Herbst 2012 wurden in einem Zeitraum von vier Jahren die vier »Jahrestage«-Bände von Uwe Johnson gelesen.

Adresse Kolpingplatz 1, 50667 Köln (Altstadt-Nord), Tel. 0221/2578403, www.lengfeldsche.de, E-Mail: info@lengfeldsche.de | **ÖPNV** Bahn 3, 4, 5, 16, 18, Haltestelle Appellhofplatz/Breite Straße | **Öffnungszeiten** Mo−Fr 8−18.30 Uhr, Sa 8−18 Uhr | **Bonus** Bei einem Einkauf in der Lengfeld'schen Buchhandlung erhalten Sie gegen Vorlage dieses Buches einmalig eine kleine Überraschung (siehe Seite 238).

68___Leuengold

Rüstungen für Poser, Kreuzritter und Jecken

»Wo gibt es sonst in der Nähe mittelalterliche Kostüme, Gewänder und Rüstungen?«, fragt Thorsten Otto. Bei Leuengold im Severinsviertel bietet er auf 220 Quadratmetern Schwerter und Waffen aller Arten aus Latex und Stahl genauso wie Kettenhemden mit satten 15 Kilogramm Gewicht an. Zudem sind Accessoires für Mittelalterfans und Karnevalisten im Angebot.

Das Geschäft, das auch Materialen zum Selbstbau von mittelalterlichen Utensilien verkauft, befindet sich seit 2007 in einer Seitenstraße der Severinstraße. Zuvor existierte am selben Standort jahrelang »Die Schatzkammer«. »Sie ließ über etliche Jahre Generationen von Liverollenspielern aus ganz Deutschland und den angrenzenden Nachbarländern nach Köln zum Einkaufen pilgern«, erzählt Michael Schaad als Geschäftsführer der Leuengold-Kette.

Seit Anfang 2009 betreiben Thorsten Otto und Mathias Conrad zusammen den Kölner Laden als Konzessionsbetrieb.

Otto ordnet seine Kundschaft hauptsächlich drei verschiedenen Hintergründen zu: der Mittelaltermarkt-Szene, in der es vorrangig um Spaß gehe, dem Liverollenspiel (LARP) und dem »Reenactment«. »Beim LARP kann man für ein paar Stunden in eine andere Haut schlüpfen«, so der Standortleiter, der Nordrhein-Westfalen als »Liverollenspiel-Hochburg« bezeichnet. »Dabei geht es im Grunde genommen ums Posen«, fügt er mit einem Augenzwinkern hinzu. Unter »Reenactment« verstehe man hingegen das Nachspielen konkreter geschichtlicher Ereignisse in möglichst authentischer Weise.

In Vorbereitung der fünften Jahreszeit in Köln schauen indes laut Otto auch viele Karnevalisten auf Kostümsuche im Leuengold vorbei, die dann mitunter bereit seien, für eine Verkleidung mal etwas tiefer in die Tasche zu greifen. »Sie stechen dann dafür richtig aus der Masse heraus. Das sind dann richtige Kreuzritter und nicht billig Kostümierte mit einem Plastikschwert aus dem Supermarkt.«

Adresse Im Dau 1, 50678 Köln (Altstadt-Süd), Tel. 0221/20534895, www.leuengold.com, E-Mail: info@leuengold.de | **ÖPNV** Bahn 3, 4, Haltestelle Severinstraße | **Öffnungszeiten** Mo–Sa 12–19 Uhr | **Bonus** Gegen Vorlage dieses Buches können Sie bei Leuengold einmalig alle vorrätigen Met-Sorten probieren. Im Angebot sind in der Regel über zehn verschiedene Honigweine (siehe Seite 238).

69__Madame Miammiam

Backwerke als Kunstwerke

Einen geschätzten halben Meter hoch, vier Stockwerke, mit einem rosa Überzug, über die ganze Fläche verziert mit grün-weißen Schneeglöckchen aus Zucker: eine Torte im Schaufenster von Madame Miammiam, wo es viele weitere leckere essbare Back- und Kunstwerke gibt. Seit 2007 lockt Anne Schultes die Liebhaber süßer Sachen vor allem mit ihren aufwendig per Hand dekorierten Torten in ihr Geschäft im Belgischen Viertel.

Gold und Glas dominieren das Bild beim Eintreten in das Ladenlokal: ein goldfarbener Tresen, eine große Glasvitrine mit Platz für zwölf Torten – für die vierstöckigen wohlgemerkt. »Wir betreiben für die hübsche Dekoration unserer Torten und Gebäckstücke per Hand einen großen Aufwand«, sagt Peter Schmitz, Geschäftspartner und Ehemann von Anne Schultes. Circa 70 Prozent der Ausgaben sind Lohnkosten.

Bevor Anne Schultes alias Madame Miammiam ihren Laden auf der Antwerpener Straße eröffnete, stellte sie ihre essbaren Kunstwerke bereits zwei Jahre lang auf Bestellung her. Schon immer habe sie »wahnsinnig gern gebacken«, allerdings zunächst Kunst in Braunschweig, Düsseldorf und London studiert, bevor sie das Konditoren-Handwerk in London lernte. »Schon während ihres Studiums hat sie viele essbare Objekte gemacht«, sagt Schmitz. Das Dekorieren habe ihr mehr gelegen als das Malen.

»Ich bevorzuge Opulenz, totalen Kitsch, knallige Farben, Glitzer und Glamour«, erzählt Schultes. Mittlerweile haben ihre Torten, Petit Fours, Eclairs, Tartes und sonstigen Gebäckstücke viele Liebhaber gefunden. Hübsch dekorierte Osterkekse lieferten Schultes und Schmitz zum Beispiel an das Münchener Feinkost- und Delikatessengeschäft Alois Dallmayr. Vor allem jedoch den Hochzeitstorten gilt ihre Leidenschaft. »Ein schönes Gefühl, wenn wir sehen, wie die Braut beim Blick auf unsere Torte anfängt, über das ganze Gesicht zu grinsen.«

Adresse Antwerpener Straße 39, 50672 Köln (Neustadt-Nord), Tel. 0221/2719242, www.madamemiammiam.de, E-Mail: info@madamemiammiam.de | **ÖPNV** Bahn 3, 4, 5, 12, 15, Haltestelle Friesenplatz | **Öffnungszeiten** Di–Do 11–19 Uhr, Fr, Sa 11–20 Uhr, So 13–17 Uhr | **Bonus** Beim Kauf von zwei Stück Kuchen gibt Ihnen gegen Vorlage dieses Buches Madame Miammiam einmalig zwei Kaffeegetränke Ihrer Wahl gratis dazu (siehe Seite 238).

70__Marion Muck

Die Erfolgsgeschichte von der uneitlen Designerin

»Ich habe als Kind nie mit Puppen gespielt«, sagt Marion Muck, »mir nie viel aus Mode gemacht.« Sich als Modedesignerin selbstständig zu machen, sei eine überlegte Entscheidung gewesen, erklärt die gelernte Schneiderin und Direktrice. »Ich wollte gestalten, und im Gegensatz zur Kunst kann ich als Modedesignerin mit Menschen arbeiten.« Dasselbe Kleid wirke bei unterschiedlichen Frauen immer anders. »Das finde ich spannend.«

Marion Muck hat sich mit ihrer selbst entworfenen und in Deutschland handgefertigten Braut- und Abendmode einen Namen gemacht. Im Atelier über ihrem Geschäft empfing die Absolventin einer Düsseldorfer Modeschule schon Cordula Stratmann und Hannelore Kraft als Kunden. Dabei bezeichnet sich Muck als »promidoof«. Als Anke Engelke und Bärbel Schäfer sie aufsuchten, erkannte sie diese zunächst nicht. Letztere wählte bei Muck einen grün-goldenen Rock für ihre Hochzeit, ohne dass die Designerin den Kaufgrund kannte.

Bei ihrer Arbeit liebt Muck die Vielfältigkeit, was ihr während der Ausbildung oft angekreidet worden sei, sagt die gebürtige Kölnerin und kritisiert, dass das Diktat der Marken heute die Modediktate von einst abgelöst habe. Am liebsten entwirft sie Brautkleider. »Da kann ich noch freier gestalten, weil ich nur für einen Tag denken muss und auch nicht waschbare Stoffe verwenden kann.«

»Törtchen« und »Ein Sommer in Marrakesch« heißen Mucks Prêt-à-porter-Kleider, die sie in ein- bis maximal zehnfacher Stückzahl in den Größen 36 bis 48 in einem Atelier im Westerwald nähen lässt. Auch bei ihrer Haute Couture setzt sie auf hochwertige Stoffe und klassische Schnitte mit raffinierten Details, die »man nicht gleich auf den ersten Blick erkennt. Design lebt immer sowohl von der Idee als auch von der Qualität des Materials und der Verarbeitung«, erklärt die uneitle Designerin. Ihre Haare sind kurz geschnitten. Sie trägt Jeans und T-Shirt.

MARION MUCK

Adresse Ehrenstraße / Kleine Brinkgasse 41a, 50672 Köln (Altstadt-Nord), Tel. 0221 / 2226366, www.marionmuck.de, E-Mail: info@marionmuck.de | **ÖPNV** Bahn 1, 7, 12, 15, Haltestelle Rudolfplatz | **Öffnungszeiten** Mo–Fr 11–19 Uhr, Sa 10–18 Uhr

71__Markenglas

Weltweit einmalig – das Trinkgläser-Traumland

»Das weltweit einzige Geschäft für Originalgläser bekannter und exotischer Getränkefirmen gibt es seit 2011 in Ossendorf.« Die Firma Markenglas, die das über sich sagt, bietet über 4.000 verschiedene Gläser von 3.000 Marken an, die ihre Trinkgefäße eigentlich nur für die Gastronomie zur Verfügung stellen. Zusammengezählt kommt Inhaber Ralph Schneider auf über vier Millionen Gläser, die er offeriert. Darunter die »Stangen« von etwa 20 Kölsch-Brauereien, die im Laden ausgestellt sind. »Wir verstehen uns auch als Museum. An den Kollektionen kann man sehen, wie sich im Laufe der Jahrzehnte das Design verändert hat.«

Über das Internet verkauft Schneider seine Markengläser bereits seit dem Jahr 2000 in alle Welt. »Wie einige Briefmarken sammeln, sammeln andere Gläser«, berichtet er. So bestelle ein Sammler aus Korea jeweils ein neues Glas, wenn er Gehalt bekommen habe. Für den eigenen Nachschub sorgten anfangs vor allem Käufe bei Insolvenzen von Lokalen und Märkten. Mittlerweile bezieht der Glas-Experte von immer mehr Marken direkt seine Ware – darunter auch weitere Werbemittel, die bei Markenglas angeboten werden.

»Ein Getränk aus dem passenden Glas schmeckt einfach besser. Da spielen Gefühle eine Rolle, die mit der Marke verbunden werden«, sagt Schneider und fügt als Beleg an, dass nach der Ferienzeit die Verkaufszahlen stiegen. »Nach der Rückkehr aus dem Karibik-Urlaub kaufen sich die Leute zum Beispiel als Erinnerung ein Bierglas einer jamaikanischen Brauerei.«

Zu Beginn von Markenglas stehen ein zehn Zentimeter hohes Glas und eine Abfuhr in einer Bar am Friesenplatz. Schneider trinkt dort im Mai 1996 einen Whisky von Chivas – aus einem Chivas-Glas – und fragt, ob er das Glas kaufen könne. »Wenn ich das verkaufen könnte, würde ich gutes Geld verdienen«, verneint der Barmann. Schneider schaut in die Runde. Die Idee zu Markenglas war geboren.

Adresse Mathias-Brüggen-Straße 80, 50827 Köln (Ossendorf), Tel. 0221 / 7090390, www.markenglas.de, E-Mail: office@markenglas.de | **ÖPNV** Bahn 5, Haltestelle Alter Flughafen Butzweilerhof | **Öffnungszeiten** Mo – Fr 10 – 18 Uhr, Sa 10 – 16 Uhr | **Bonus** Bei einem Einkauf im Markenglas-Laden erhalten Sie gegen Vorlage dieses Buches einmalig ein kleines Geschenk (siehe Seite 238).

72__Messing Müller
Das Kölner Brett und das Funktionalitätsprinzip

Kennen Sie das Kölner Brett? Es ist eine in den 30er Jahren in Köln entwickelte, mehrschienige, auf einem Brett vormontierte Vorhangleiste, an der Gardinen mit Röllchen verdeckt befestigt werden können. Erfunden hat das Kölner Brett, nach dem in Ehrenfeld eine kleine Sackgasse benannt ist, der Fabrikant Hugo Bohn. Heute leitet sein Großsohn Johannes Bohn das Unternehmen. Messing Müller, heißt es, sei das älteste Einzelhandelsgeschäft Kölns in Familienbesitz und ist heute ein Haus für moderne, hochwertige Einrichtungskultur.

»Was für den Juwelier zu groß ist und für den Schlosser zu klein«, so beschreibt Johannes Bohn das Arbeitsfeld einer Gürtlerei, wie sie Messing Müller zunächst war. Sektkühler, Lampen, Pokale, Beschläge und Garderoben stellte die 1774 in Groningen gegründete Firma aus Metallen her. »Echte Handwerkskunst.« 1904 zog Messing Müller nach Köln. Dort entwickelte Hugo Bohn, der durch seine Heirat mit Thea Müller in das Familienunternehmen kam, das noch immer unter diesem Namen gebräuchliche Kölner Brett.

Heute präsentiert Messing Müller auf 1.500 Quadratmetern ausgewählte Produkte für den Tisch (im Erdgeschoss), die Küche (im Untergeschoss) und das Haus (im Obergeschoss). »Ein Paradies für Menschen, die ein hohes Maß an Stil, anspruchsvollem Design, ausgesuchter Qualität und Funktionalität jenseits des Mainstreams suchen«, sagt Johannes Bohn. »In den Laden kommen nur Produkte, hinter denen wir stehen.« 30.000 Artikel sind im Geschäft mit der runden gläsernen Eingangsfront vorrätig.

Ob Kölner Brett, großvolumiger Briefkasten, in den Postpakete reinpassen (Entwurf Johannes Bohn), oder futuristischer Staubsaugroboter – Messing Müller verkauft damals wie heute nur Funktionales mit langer Lebensdauer. »Wir hören unseren Kunden zu. Wenn fünfmal nach etwas bisher nicht Vorhandenem gefragt wird, entwickeln wir es eben selbst.«

Adresse Minoritenstraße 1, 50667 Köln (Altstadt-Nord), Tel. 0221/2081326, www.messing-mueller.de, E-Mail: info@messing-mueller.de | **ÖPNV** Bahn 5, 16, 18, Haltestelle Dom/Hauptbahnhof | **Öffnungszeiten** Mo–Fr 10–19 Uhr, Sa 10–18 Uhr

73 Music Store
Von »Jacqueline de Luxe« zum Mega-Musikhaus

75.000 Artikel, die die Kunden im 5.000 Quadratmeter großen »Store« ausprobieren und sofort mitnehmen können. Im Hochregal-Depot lagern auf 20.000 Quadratmetern Werte von 30 Millionen Euro. Stars gehen aus und ein, und im Callcenter sind Dutzende Muttersprachler quasi aller europäischen Sprachen beschäftigt: Der 1972 gegründete Music Store ist nach eigener Angabe der viertgrößte Musikversender der Welt. Geschäftsführer Michael Sauer ist stolz, nach dem Umzug 2011 in einen vierstöckigen Neubau an der Zoobrücke in Kalk sagen zu können: »In dieser Größenordnung ist unser Laden einmalig – selbst in Hongkong oder Hollywood gibt es nichts Vergleichbares.«

Mit »Jacqueline de Luxe« und ihren Vorgänger-Modellen fing es an: Arthur Sauer hat in den 60er Jahren die elektronischen Orgeln der italienischen Firma Farfisa in Deutschland vertrieben. »Inzwischen ist die Nachfrage danach stark zurückgegangen«, erzählt Michael Sauer, der die Geschäfte 1972 von seinem Vater übernommen hat. Trotzdem ist der Music Store, dessen Ladenensemble in der Innenstadt auf 1.800 Quadratmetern in kleinerer Form weiterbesteht, dem Tasteninstrument treu geblieben. 2010 kauften die Kölner den Hersteller Wersi. »Jetzt lassen wir große elektronische Orgeln bauen, die bis zu 40.000 Euro kosten. Phantastische Instrumente!«

Mit Ausnahme von Geige, Cello, Bratsche und Co. führt das Geschäft, das 70 Prozent seines Umsatzes über den Versand erwirtschaftet, fast alle Arten von Instrumenten.

»Als wir mit Laden, Lager und Versand an fünf Orten verteilt waren, mussten täglich fünf Lastwagen Ware hin- und herfahren. Und nach dem Umzug haben wir nun fast doppelt so viele Kunden wie vorher«, freut sich Sauer über die Nähe zur Autobahn. Der Musikspezialist habe sich schon immer gut in seine Kunden hineinversetzen können. Warum? »Ich spiele viele Instrumente. Aber alle nur recht schwach.«

Adresse Istanbulstraße 22–26, 51103 Köln (Kalk), Tel. 0221/88840, www.musicstore.de, E-Mail: info@musicstore.de | **ÖPNV** Bahn 1, 9, Haltestelle Kalk Post | **Öffnungszeiten** Mo–Fr 10–19 Uhr, Sa 9.30–18 Uhr | **Bonus** Gegen Vorlage dieses Buches lädt Sie der Music Store einmalig zu zwei Getränken Ihrer Wahl an der Bar des Kalker Musikhauses ein (siehe Seite 238).

74__Musikhaus Tonger

Hier spielt die Musik seit 190 Jahren

1822 gegründet, 1886 Herausgeber der ersten deutschen Musikzeitschrift, Instrumente von der Blockflöte bis zum Konzertflügel: Tonger ist seit über 190 Jahren eines der bedeutendsten Musikhäuser in Deutschland. »Wir sind die Einzigen in Köln, die ein Vollsortiment an Musikinstrumenten anbieten«, sagt Lutz Wentscher, der mit seinem Sohn Axel Wentscher in fünfter beziehungsweise sechster Generation das Geschäft in der Brückenstraße führt. »Es gibt Geigenbauer, die nicht wissen, wie eine E-Gitarre tickt. Wir dagegen sind Ansprechpartner für alle, die Musik machen.«

Vom dreijährigen Mädchen, das für die musikalische Früherziehung eine Flöte benötigt, bis zu großen Chören. Vom Flügel und Piano, von Streich- und Zupfinstrumenten über Akkordeons, Mundharmonikas und Xylophone bis zu Blech- und Holzblas- sowie Schlaginstrumenten: Tonger verkauft und repariert fast alles, mit dem Musik gemacht wird.

Gegründet von Augustin Josef Tonger als Notenhandlung innerhalb eines Antiquitätengeschäfts, ist Tonger heute Deutschlands größter Notenhändler. Bis zu 80.000 Titel liegen allein im Kölner Geschäft bereit.

Einst war Tonger königlicher Hoflieferant und Verleger umfangreichen rheinischen Liedgutes. Heute beliefert das Haus als Großhändler für Ton- und Bildträger klassischer Musik 200 Buchhandlungen mit einem Sortiment von 300.000 Werken.

In den drei Häusern in Köln, Bonn und Düsseldorf arbeiten etwa 45 Musikalienhändler und Spezialhandwerker. Auszubildende müssen mindestens zwei klassische Instrumente spielen – sonst haben sie keine Chance auf eine Lehrstelle. Nur der Seniorchef selbst, dessen Mutter eine gebürtige Tonger war, spielt kein Instrument. Fern von Köln, in Norddeutschland in den Kriegsjahren aufgewachsen, habe man andere Probleme gehabt, als seine Kinder musikalisch ausbilden zu lassen, erklärt der gelernte Bankkaufmann.

Adresse Brückenstraße 6, 50667 Köln (Altstadt-Nord), Tel. 0221/9254750, www.musik-tonger.de, E-Mail: tonger@musik-tonger.de | **ÖPNV** Bahn 5, 16, 18, Haltestelle Dom/Hauptbahnhof | **Öffnungszeiten** Mo–Fr 10–19 Uhr, Sa 10–18 Uhr

75 Naturmetzgerei Hennes

Wurst und Co. für Jecken und Feinschmecker

Ständig ausgefallene neue Wurstsorten mit einem gesundheitlichen Nährwert – das macht die Naturmetzgerei Hennes im Vringsveedel zu einem einzigartigen Geschäft. Davon ist Peter Metternich überzeugt. Der Metzgermeister überrascht seine Kunden zum Beispiel mit Himmel-un-Äd-Bratwurst aus Flönz, gerösteten Zwiebeln und Apfelstücken. Jegliches Fleisch stammt aus artgerechter, umweltbewusster und natürlicher Haltung – und das bereits seit der Eröffnung im Jahr 1898.

Etwa 80 Prozent der Wurstwaren kommen aus eigener Herstellung: »Unsere Produkte werden mit Liebe gemacht, sodass wir diese mit der Überzeugung, dass es sich um gesunde Nahrungsmittel handelt, an unsere Kunden weitergeben können.« Zu den Verkaufsschlagern der Metzgerei, die der Großvater des heutigen Besitzers Edmund Hennes gegründet hat und die seit 1936 am heutigen Standort auf der Severinstraße existiert, zählt zum Beispiel »Omas Saftschinken«, ein würziger gekochter Schinken mit Fettrand.

Vom jüngsten Bio-Trend hält der Metzgermeister nicht so viel. »Nur weil Bio draufsteht, heißt es nicht, dass es auch gut schmeckt.« Der Naturmetzgerei, die nur Fleisch verwendet, das frei von Hormonen, Antibiotika und Gentechnik ist, kommt es nicht nur darauf an, dass die Tiere »ein lebenswertes Leben« hatten. Auch der gute Geschmack des Endprodukts ist entscheidend.

»Versuchen Sie herauszuschmecken, was in dieser Wurst ist«, sagt Metternich und reicht eine Scheibe zum Probieren über den Verkaufstresen. Der Kunde staunt nicht schlecht, als er erfährt, dass Kaffee zu den Zutaten gehört. Zum Weltjugendtag 2005 kreierte Metternich die »Vesperwurst«, die seitdem in der Reihe »Köln ist ein Genuss« verkauft wird. Passend zu Karneval gab es schon mal einen Wurstorden in Kussmundform. Neu entworfene Wurstsorten enthalten bei so viel metzgerischer Kreativität auch schon mal Schokolade, Cranberrys oder Acai-Beeren.

Adresse Severinstraße 20, 50678 Köln (Altstadt-Süd), Tel. 0221/9312650, www.naturmetzgerei-hennes.de, E-Mail: info@naturmetzgerei-hennes.de | **ÖPNV** Bahn 15, 16, Haltestelle Chlodwigplatz | **Öffnungszeiten** Mo–Fr 8–18.30 Uhr, Sa 7.30–14 Uhr | **Bonus** Hennes schenkt Ihnen einmalig gegen Vorlage dieses Buches eine Dose Steinsalz im Wert von 2,50 Euro. Dieses Salz verwendet die Naturmetzgerei neben Gewürzen und pflanzlichen Ölen als einzigen Zusatz bei der Herstellung der Fleischprodukte (siehe Seite 238).

76 — o.k.-Versand

Skurril, außergewöhnlich und doch ganz alltäglich

Geschenkpapier, Spardosen, Fußballschuhe, Wäscheklammern und Zahnpasta: Das Besondere bei den Produkten des o.k.-Versands ist weniger die bunte Zusammenstellung als die Herkunft der Waren. Sie stammen zum Beispiel aus Indien, Jemen, Russland, Iran und Vietnam. Viele davon sind in Deutschland nirgends sonst erhältlich. Inhaber Lukas Plum gründete den o.k.-Versand 1997 nach seinem Kunststudium in Düsseldorf. Den Laden auf der Gladbacher Straße eröffnete er 1998. »Wir bieten Alltagsgegenstände an, die zwar qualitativ mit den Produkten deutscher Wertarbeit nicht immer mithalten können, dafür aber außergewöhnlich skurril gestaltet sind.«

Etwa 60 Prozent der Waren im Sortiment gibt es in Deutschland sonst nirgendwo anders zu kaufen, so Plum. Die meisten Dinge sind industriell gefertigte, anonyme Massenartikel aus einfachen Materialien wie Plastik, Leichtmetall oder Holz. »Sie erfüllen tadellos ihren Zweck.« Ob Lunchbox und Edelstahl-Küchenschränke aus Indien, Kohle-Bügeleisen und Plastikteppiche aus dem Senegal, Sauna-Lampe aus Bulgarien oder Fliegenpilz-Spardose aus Polen – die Gegenstände aus fernen Ländern sollen tatsächlich im deutschen Alltag gebraucht werden. Das ist Plums Anliegen.

Von Liebe zur Importware zeugen die Kommentare zum jeweiligen Katalog-Produkt, die mitunter Warnhinweisen gleichen. Die handgeschmiedete Schere aus Patronenhülsen aus dem Jemen »schneidet erstaunlich gut«, aber die »derzeit lieferbaren Scheren sind vom Transport leicht angerostet«. In den meisten 38 Zentimeter großen Glasvasen aus Vietnam, die dort zur Herstellung von Fruchtlikör benutzt werden, »stecken noch Reste vietnamesischer Verpackungskünste«.

Für vier Euro (zwei Zwei-Euro-Münzen) können Kunden indes selbst nachts aus einem Automaten vor dem Laden Artikel ziehen – skurrile, außergewöhnliche und doch alltägliche Kleinigkeiten aus fernen Ländern.

EINWURF 2 x 2 EURO

Der Automat ist funktionsbereit,
wird jetzt aber videoüberwacht!

Adresse Gladbacher Straße 36, 50672 Köln (Neustadt-Nord), Tel. 0221/9525015,
www.okversand.com, E-Mail: post@okversand.com | **ÖPNV** Bahn 12, 15, Haltestelle
Christophstraße/Mediapark | **Öffnungszeiten** Mo–Fr 11–18.30 Uhr, Sa 11–16 Uhr |
Bonus Bei einem Einkaufswert in Höhe von mindestens 10 Euro schenkt Ihnen der o.k.-
Versand einmalig gegen Vorlage des Buches einen Schlüsselanhänger im Wert von 3 Euro
(siehe Seite 238).

77___Olive E Più

Der Olivenheld aus Neuehrenfeld

Die italienische Zeitung »Il Messaggero« bezeichnete Stephan Marzak als »Olivenhelden«. Der Kölner hat in seiner Heimatstadt wohl die ersten Olivenbaumwäldchen nördlich der Alpen angelegt. In braun-orangen Kübeln wuchsen die Pflanzen zunächst auf dem Fahrradparkplatz vor dem »Olive E Più«-Laden in Neuehrenfeld. Bis zu drei Meter hoch. Diese Olivenbäume brachten Marzak, der seit 1995 Oliven, Olivenöle, Wein, Grappa und weitere regionale Erzeugnisse aus Italien verkauft, auf die Idee, einen ganzen Olivenhain zu ziehen.

Der Speditionskaufmann pflanzte 2005 auf dem Gelände einer Baumschule in Stommeln relativ kälteresistente, robuste Sorten: Leccino, Olivastra Seggianese und Pendolino aus der Toskana, Taggiasca aus Ligurien und Tonda Iblea sowie Biancolilla aus Sizilien. Insgesamt 110 Bäumchen. Im November 2007 dann die erste richtige rheinische Olivenernte: 25 Kilogramm. In Italien würden schon Bäume im Vorgarten solche Erträge abwerfen. »Der Olivenhain ist eine Spaßgeschichte«, sagt Marzak, der 2008 noch einen zweiten Olivenhain auf dem Gelände einer Baumschule in Widdersdorf anlegte.

Auf die Olive gekommen ist Marzak durch Urlaube in Ligurien, wo ihm die Bauern stolz die Türen ihrer Olivenmühlen geöffnet hatten. So sei die Idee entstanden, ein als Versand konzipiertes Einzelhandelsgeschäft zu gründen, das direkt bei den Produzenten einkauft – vor allem bei kleinen Familienbetrieben.

Die »Olivenöl-Szene« sei in Italien so ausgeprägt wie in Deutschland vergleichsweise die Bier-Landschaft, sagt Marzak. Obwohl Alt und Kölsch ähnlich gebraut würden, würde man in Köln beinahe gesteinigt, wenn man das dunklere Bier bevorzuge. So ähnlich sei das in Italien mit dem Olivenöl. »Die Ligurer halten ihr Öl für das Beste der Welt. In der Toskana sagt man, die Ligurer hätten keine Ahnung. Die Sizilianer halten dagegen, dass es bei ihnen die ersten Olivenhaine Italiens gegeben habe.«

Adresse Ennenstraße 2a, 50825 Köln (Neuehrenfeld), Tel. 0221/5509142, www.olive-e-piu.de, E-Mail: mail@olive-e-piu.de | **ÖPNV** Bahn 5, Haltestelle Lenauplatz | **Öffnungszeiten** Mo–Fr 9–17 Uhr, Sa 11–13 Uhr | **Bonus** Ab einem Einkaufswert von 25 Euro schenkt Ihnen Olive E Più einmalig gegen Vorlage dieses Buches eine 250-Milliliter-Flasche natives Olivenöl extra »La Cantera« von Oleificio Costa (regulärer Preis: 5,80 Euro). Das aus Bronte vom Ätna stammende sizilianische Öl beschreibt Stephan Marzak als »leicht fruchtig und mild« (siehe Seite 238).

Olive E Più

78_ Orden Kappes

Nach Karneval ist vor Karneval

»Ewald, lass dir was einfallen.« Schon kurz nach Aschermittwoch trudeln Faxe mit solchen Ordensaufträgen für die neue Session ein. Margot Kappes und ihr Mann Ewald führen seit 1972 »Schilder-Express Kappes«. Der 35-Mitarbeiter-Betrieb, der seit 1980 in Longerich sitzt, stellt einen Großteil der etwa 100.000 jährlich in Köln verliehenen Karnevalsorden her. Weitere knapp 100.000 Orden in Auflagen von 50 bis 5.000 Stück liefert er jede Session an Karnevalsvereine in ganz Deutschland.

Als Hersteller von Schildern, Stempeln und Pokalen in Nippes gestartet, begann Graveur Ewald Kappes 1977 Karnevalsorden zu fertigen. Während diese früher mit Präge- und Stanzwerkzeugen produziert wurden, verwendet Kappes heute Zinkdruckgussanlagen. Das Ehepaar errichtete 2000 eine vollautomatische Galvanikanlage, um die Orden selbst mit Überzügen aus Nickel, Kupfer, Messing, Silber oder Gold zu veredeln. Seit 2009 gibt es in einer weiteren Halle ein Kostümgeschäft.

»Das Schwierigste ist, eine individuelle Idee für jeden Verein zu finden – passend zum Motto der Session«, erzählt Margot Kappes. Hat das sechsköpfige Kreativteam eine Lösung gefunden, werden in Handarbeit oder mit computerprogrammierten Maschinen die Schablonen gefertigt. In einem 450 Grad heißen Ofen gießen die Mitarbeiter die Orden dann in Zink. Mit der Hand spritzen weitere Angestellte anschließend die Farben auf, bevor sie bei 120 Grad gebrannt werden.

Margot Kappes, Gründungsmitglied der Columbina Colonia, legt Wert auf ihre Kölner Wurzeln. Ihr Mann, 23 Jahre lang Literat der Blauen Funken, war 1996 Bauer im Dreigestirn. Eine Verlagerung der Produktion nach Fernost, wo viele Konkurrenten fertigen lassen, lehnen sie ab – auch aus Verantwortungsgefühl für ihr Personal, wie sie sagen. »Die Orden sind kölsche Wertarbeit. Made in Kölle.« Und so gilt für sie weiterhin: Nach Karneval ist vor Karneval.

Adresse Hugo-Junkers-Straße 1, 50739 Köln (Longerich), Tel. 0221/5994926, www.orden-kappes.de, E-Mail: info@orden-kappes.de | ÖPNV Bus 121, Haltestelle Hugo-Junkers-Straße | Öffnungszeiten Mo–Fr 8.30–17 Uhr, Sa 9–12 Uhr | Bonus Gegen Vorlage dieses Buches schenkt Ihnen Orden Kappes einmalig einen seiner »kleinsten Orden« – einen Ansteck-Pin mit einem Köln-Motiv Ihrer Wahl im Wert von bis zu 2,50 Euro (siehe Seite 238).

79__Palgrave Clubsessel

Art–déco–Klassiker aus Buchenholz und Rindsleder

Zwei gute Ratschläge haben dazu geführt, dass Robert Palgrave eine über die Stadtgrenzen hinaus bekannte Manufaktur führt. Er verkauft Clubsessel, originalgetreu hergestellt nach den Vorbildern der 20er und 30er Jahre. Etwa vier bis fünf neu hergestellte Exemplare verlassen im Monat die Manufaktur von Palgrave, der einer der Ersten in Deutschland war, der sich der Herstellung der Art-déco-Klassiker nach originalem Vorbild widmete. Acht Modelle sind im Angebot. Der nach Palgraves Hund benannte Typ »Amber« ist das beliebteste. Zudem restauriert der Spezialist alte Original-Clubsessel.

Zurück zu den Ratschlägen. Tipp Nummer eins: Nach einer lukrativen Beschäftigung in New York als Restaurator will der Kölner 1998 wieder bei seinem früheren Chef im englischen Bath anfangen. Bis ein Freund ihm von einem leer stehenden schmucken Laden im Belgischen Viertel erzählt. Die Idee der Selbstständigkeit war entstanden. Ratschlag Nummer zwei: Im Jahr 2000 ist Palgrave in Frankreich unterwegs, auf der Suche nach antiken Möbeln – und entdeckt in Lille auf einem Händlermarkt alte Clubsessel. Ein weiterer Freund rät ihm: »Kauf die Dinger. Die sehen nett aus.«

Die erstandenen Clubsessel waren schnell verkauft. Seitdem ist Palgrave zum Spezialisten für die voll gepolsterten Sessel geworden. In Kooperation mit einem Polsterermeister ist der gelernte Tischler und Absolvent des englischen West Dean Colleges für den Rahmenbau und die Lederfärbung zuständig. Palgrave ist überzeugt, dass seine Sessel sogar qualitativ besser als die Originale der 20er und 30er Jahre sind. Er verwendet Synthetikwatte oder Latexflocken für die Polsterfüllung statt des früher benutzten pflanzlichen Afrik, das nicht so lange prall bleibt. »Beim Rahmenbau wurde früher zudem das verwendet, was da war.« Die wichtigsten Materialien haben sich aber nicht geändert: hartes Buchenholz und unbehandeltes Rindsleder.

Adresse Limburger Straße 18, 50672 Köln (Neustadt-Nord), Tel. 0221/5105692, www.clubsessel.de, E-Mail: palgrave@t-online.de | **ÖPNV** Bahn 3, 4, 5, 12, 15, Haltestelle Friesenplatz | **Öffnungszeiten** Do–Fr 13–18 Uhr, Sa 11–14 Uhr (oder nach Vereinbarung) | **Bonus** Gegen Vorlage dieses Buches erhalten Sie bei Palgrave Clubsessel einmalig eine Dose Lederfett (250 Milliliter) von Bense & Eicke zum vergünstigten Preis von 3 Euro statt regulär 6 Euro (siehe Seite 238).

80_ Parlez-vous Gourmet?

»Ein Stückchen Frankreich mitten in Köln«

»Wer die französische Küche und Lebensart mag, wird sich bei uns wohlfühlen«, so wirbt Parlez-vous Gourmet? für sich. Bistro, Feinkostladen, Kochschule, Catering-Service – das Geschäft von Annie Glémet auf der Sülzburgstraße ist alles in einem.

Die in Bordeaux geborene Französin zeigt in ihrem 60 Quadratmeter großen Laden in Sülz seit 2008, dass französisches Essen nicht nur aus teuren Delikatessen-Häppchen besteht. »Frankreich hat nicht zwangsläufig mit Luxus zu tun. Es gibt dort gute und preiswerte Sachen.«

Als der Systemadministratorin Glémet auffiel, dass es viele französische Produkte in Köln nicht zu kaufen gab, die sie für Kochkurse benötigte, fing sie an, Spezialitäten aus ihrem Heimatland zu importieren. Nach kurzzeitigem Verkauf über einen Onlineshop eröffnete sie Ende 2008 ihren Laden, der sich abends gelegentlich in eine Kochschule verwandelt.

Dort gibt es Bistroküche aus Frankreich: provenzalische Tomatensuppe, Quiches, Taboulé und Tarte, aber auch Fisch- und Fleischgerichte. Fast alles, was die Gäste serviert bekommen, können sie im Shop für daheim kaufen: die Grenadinen-Marmelade mit Erdbeeren und den Cidre-Essig genauso wie Tee einer französischen Traditionsmarke. »Diesen Tee tranken schon die russischen Zaren. Und natürlich dürfen die guten Bonbons aus der Kindheit in Frankreich nicht fehlen.« Genauso wenig wie Ratatouille aus der Dose.

»Möchten Sie einen Café au Lait?«, fragt Glémet. Kurze Zeit später steht der Milchkaffee da, serviert in einer weißen Schale mit rosa Punkten. Vom Kaffee braun gefärbter Schaum rahmt die weiße Haube aus luftiger Milch ein. Typisch französisch. Handbemalte Lampenschirme, eine Weintafel, die Wände sind fliederfarben und gelb gestrichen, es läuft französische Musik. »Alles ist wirklich authentisch«, schwärmt ein Kunde von Parlez-vous Gourmet? – einem »Stückchen Frankreich mitten in Köln«.

Adresse Sülzburgstraße 172, 50937 Köln (Sülz), Tel. 0221 / 48535039,
www.vous-gourmet.de, E-Mail: info@vous-gourmet.de | **ÖPNV** Bahn 9, 13, Halte-
stelle Zülpicher Straße / Gürtel | **Öffnungszeiten** Di−Fr 11−15 und 18−22 Uhr,
Sa 18−22 Uhr | **Bonus** Ab einem Einkaufswert (oder Verzehr) von 15 Euro lädt Sie
Parlez-vous Gourmet? gegen Vorlage dieses Buches einmalig zu einem Kaffee oder
einem Espresso ein (siehe Seite 238).

81 Parma-Delikatessen

Kölns größter italienischer Supermarkt

Allein 20 Espresso- und 40 Grappa-Sorten: Parma-Delikatessen am Ehrenfelder Leuchtturm ist laut Firmenchef Ulrich Pille Kölns größter italienischer Supermarkt. 1.000 Quadratmeter ist allein die Halle für den Einzelhandel groß. »Die Produktvielfalt ist im weiten Umfeld von Köln einmalig«, sagt Pille, der das Geschäft 1983 mit Tochter Yvonne Braun gegründet hat. 21 Personen, darunter Pilles Frau, zwei Töchter und ein Sohn, arbeiten in dem Unternehmen mit Einzel-, Großhandel und Gastronomie-Lieferservice.

»Wir haben mit 20 Produkten angefangen.« Damals war die Garage der Familie das erste Lager. Bereits seit 1970 ist Pille im »italienischen Fach« tätig, wie er es nennt. Als Pilles früherer Chef sein Geschäft verkauft und er mit den Nachfolgern nicht zurechtkommt, gründet er einen italienischen Supermarkt. »So etwas gab es vorher in Köln nicht. Eine Marktlücke.«

Nach viermaligem Umzug befindet sich Parma-Delikatessen seit 1993 in der Heliosstraße in Sichtweite des Ehrenfelder Leuchtturms. Verkauft wird hier bei Weitem nicht nur Essbares: »Unser Angebot reicht von italienischer Babynahrung über Waschmittel bis hin zu Kerzen.« Aber besonders die Vielfalt der italienischen Lebensmittel kann sich sehen lassen: Antipasti, Brot, Balsamessig, Fisch, Gemüse, Käse, Meeresfrüchte, Pasta, Pizza, Schinken, Wurst, Weine, Olivenöl und Spirituosen sind im Sortiment.

»Bis zu zehn Tonnen Ware werden täglich angeliefert, direkt aus allen Teilen Italiens«, berichtet Pille, der seinen Kunden nur das Beste bieten will.

»Bei dem Flair, das bei Parma-Delikatessen herrscht, fühle ich mich jedes Mal fast wie in Italien«, sagt eine Kundin. Ob Parmesan am Stück, sizilianische Oliven, italienische Salami oder Parmaschinken – an der Feinkosttheke könne man sich mit allem eindecken, was man seit dem Urlaub vermisse; in Kölns größtem italienischen Supermarkt.

Adresse Heliosstraße 39, 50825 Köln (Ehrenfeld), Tel. 0221 / 543011, www.parma-koeln.de, E-Mail: parma.delikatessen@t-online.de | **ÖPNV** Bahn 3, 4, 13, Venloer Straße / Gürtel; S-Bahn S12, S13, Haltestelle Köln-Ehrenfeld | **Öffnungszeiten** Mo – Fr 9 – 18.30 Uhr, Sa 8.30 – 16 Uhr | **Bonus** Gegen Vorlage dieses Buches lädt Sie Parma-Delikatessen einmalig zu einem kostenlosen Espresso oder einem Cappuccino an der Bar ein (siehe Seite 238).

82_ Pattevugel

Pädagogisch wertvolle Drachen aus der Brinkgasse

Pattevüjjel (Kölsch: Drachen) gibt es in der Kleinen Brinkgasse schon lange: Bis in die 70er Jahre zeigten sich in der damals mit einer Mauer von der Ehrenstraße abgetrennten Gasse in den Koberfenstern der Bordelle aufgedonnerte Prostituierte. Nun verkauft ein Fachgeschäft an ebendieser Stelle Spielzeug – und vor allem die namensgebenden Pattevüjjel, also Drachen, in verschiedensten Variationen.

Der Spielpädagoge Thomas Meisterknecht und der drachenbauende Informatiker Henrik Niggemeier gründeten Pattevugel 1993. Konzept ist es, besonderes, nachhaltiges Spielzeug und Sportgeräte anzubieten. Bewegung sei dafür der treffende Oberbegriff: »Bewegung des Körpers und des Geistes.« Die Interaktion zwischen Menschen und die Entwicklung von Motorik und Koordination stehen laut den Inhabern im Mittelpunkt. Etwa die Hälfte ihrer Produkte wird in Deutschland entwickelt und produziert.

»Wenn wir etwas machen, dann richtig«, sagt Meisterknecht über Kölns größte Auswahl an Kugelbahnen, Boule-Kugeln, Frisbeescheiben – und vor allem an Drachensport-Utensilien: Ob einleinige Steig-, mehrleinige Lenk- oder Zugdrachen – die Auswahl in der Kleinen Brinkgasse ist groß. An jedem ersten Sonntag im Monat steigt auf den Poller Wiesen mit den Pattevugel-Experten zudem eine Drachenflugschule, bei der von 13 bis 18 Uhr in »Kölns Drachenflugrevier« (Meisterknecht) auch Anfänger das neueste Equipment testen können.

Regelmäßig veranstaltet das Geschäft Workshops, in denen erklärt wird, wie man die Flugobjekte herstellt. »Wir zeigen, dass mit Kindern beinah jeden Alters Drachen gebaut werden können, die robust sind und sehr gut fliegen.« Dies fördere Kreativität und Konzentration. »Und es ist ein emotionales Erlebnis an der frischen Luft, das Spaß macht«, erzählt der Pattevugel-Chef und schwärmt, ganz Spielpädagoge, von »strahlenden Kinderaugen auf der Wiese«.

Adresse Ehrenstraße / Kleine Brinkgasse 43b, 50672 Köln (Altstadt-Nord), Tel. 0221 / 2583129, www.pattevugel.de, E-Mail: info@pattevugel.de | **ÖPNV** Bahn 1, 7, 12, 15, Haltestelle Rudolfplatz | **Öffnungszeiten** Mo – Mi 11 – 19 Uhr, Do, Fr 11 – 20 Uhr, Sa 10 – 18 Uhr | **Bonus** Ab einem Einkaufswert von 20 Euro erhalten Kunden bei Pattevugel einmalig gegen Vorlage dieses Buches einen Preisnachlass von 2 Euro (siehe Seite 238).

83_ Peter Heinrichs

Ein Leben rund um die Pfeife

»Das Haus der 10.000 Pfeifen«. Dieser Zusatz zu Peter Heinrichs
Laden ist ziemlich untertrieben. Schließlich hat das kölsche Original 97.000 Pfeifen in allen Preis- und Qualitätsklassen auf Lager.
»Damit habe ich das größte Pfeifensortiment der Welt«, erklärt Heinrichs, der auf der Hahnenstraße ein 600 Quadratmeter großes En-
semble aus drei Läden besitzt.

Das Pfeifen-Geschäft der Heinrichs hat eine über 100-jährige
Tradition. Die Kurzversion: Der Großvater gründete 1908 Pfeifen
Heinrichs. Als 17-Jähriger macht sich Enkel Peter Heinrichs mit
einem Zigaretten-Großhandel für Automaten selbstständig. 1963
startete er sein eigenes Geschäft »Peter Heinrichs« in der Hahnenstraße. 2001 kaufte er das Geschäft des Großvaters in direkter Nach-
barschaft zurück und eröffnete nebenan einen Laden für kubanische
Spezialitäten.

Wie gesagt, die Kurzversion, denn da sind noch eine Niederlas-
sung in Bergheim mit Museum und Café, die eigenen Pfeifentabak-
Zigaretten (175 Millionen verkaufte Zigaretten jährlich, 26.000 be-
lieferte Geschäfte), die Herausgabe des »Smoker Journals«, der
Pfeifen-Export in die USA und der Internethandel, mit dem 60 Pro-
zent des Umsatzes erzielt werden. Ein Leben rund um die Pfeife.
»Ich liebe mich« ist der Titel von Heinrichs' 300-seitiger Autobio-
grafie. »Ich bin vielleicht nicht immer der Größte, aber der Beste.«
Bereits von seinem Opa lernte er, dass Qualität der Schlüssel zum
Erfolg ist – gerade, wenn es ums Genießen geht.

Heinrichs steckt sich eine Pfeife an und redet auf einem schwarzen Ledersessel sitzend über sein Steckenpferd. »Eine Pfeife ist ein
Genussartikel wie eine Zigarre. Eine Pfeife raucht man nicht auf
Lunge.« Der Tabakkenner ist aber auch Geschäftsmann. Bereits
morgens um 6 Uhr öffnet er. »Wenn andere nicht aus den Federn
kommen, habe ich mein Geld schon verdient«, sagt der Herr über
97.000 Pfeifen.

Adresse Hahnenstraße 2–4, 50667 Köln (Altstadt-Süd), Tel. 0221/256231, www.pfeife.de, E-Mail: info@pfeife.de | **ÖPNV** Bahn 1, 7, 12, 15, Haltestelle Rudolfplatz | **Öffnungszeiten** Mo–Fr 6–20 Uhr, Sa 7–18 Uhr | **Bonus** Gegen Vorlage dieses Buches lädt Sie Peter Heinrichs einmalig zu einem kostenlosen Espresso oder einem Cappuccino in der Lounge seiner »La Casa del Habano« (Hahnenstraße 2–4) ein (siehe Seite 238).

84__La Porcelaine Blanche

Ganz in Weiß

»Das Einzige in Farbe ist unser Köln-Becher«, sagt Concetta Robert und nimmt einen weißen Becher aus dem Regal, auf dem ringsum die Silhouette der Stadt in rotem Samt angebracht ist. Robert ist Inhaberin des 1979 in der Ehrenstraße gegründeten Geschäftes »La Porcelaine Blanche«, in dem es ausschließlich weißes Porzellan gibt.

La Porcelaine Blanche, einst Teil eines französischen Unternehmens, ist nach über 25 Jahren in privater Hand eines der wenigen inhabergeführten Fachgeschäfte in der Ehrenstraße. Concetta Robert erwarb es 2004 familienintern, gestaltete es in mediterranem Stil und erweiterte das Sortiment deutlich. Vom Tafelgeschirr über Accessoires für den Tisch, von Küchenhelfern bis zu witzigen Geschenkideen reicht das Angebot. Auch Hochzeitslisten können sich Kunden zusammenstellen.

Etwa 2.000 Artikel aus »weißem Gold« gibt es dort. Von über 40 Herstellern aus Deutschland, Frankreich, Dänemark, Spanien, Italien. In unterschiedlichen Formen, Größen, Stilen. Aber nur in einer Farbe. »Weiß passt immer. Zu jedem Essen, zu jeder Gelegenheit«, erklärt Robert. Ein Tisch mit weißem Geschirr könne mit geschmackvoller Tischdekoration, Blumen und Servietten immer neu und individuell gestaltet werden, führt die ausgebildete Dolmetscherin aus, die auch viele internationale Kunden berät. Daheim hat sie – natürlich – weißes Geschirr. »Ich habe erst aus Erfahrung gelernt.« Nach schwarz-lila-mintfarbenem Service, nach dem damaligen Zeitgeist, lässt sie heute ihre Speisen auf dezent weißen Tellern für sich sprechen.

Genießern reicht Robert beim Kauf ihres Porzellans Rezepte, die Ideen zur Nutzung der weißen Schönheiten vermitteln. Geplant ist, daraus ein Kochbuch zu entwerfen. Wobei Robert empfiehlt, Geschirr zweckübergreifend zu benutzen. »Eine kreativ zubereitete Suppe kann prima in einer modernen Kaffeetasse serviert werden.« Nur weiß sollte sie sein.

Adresse Ehrenstraße 50, 50672 Köln (Altstadt-Nord), Tel. 0221 / 255192, www.laporcelaineblanche-cologne.de, E-Mail: c.robert@porcelaineblanche.eu | **ÖPNV** Bahn 1, 7, 12, 15, Haltestelle Rudolfplatz | **Öffnungszeiten** Mo−Sa 11−19 Uhr | **Bonus** Gegen Vorlage dieses Buches bekommen Sie einmalig den Köln-Becher zum vergünstigten Preis von 5,95 Euro (statt regulär 9,95 Euro). Alternativ erhalten Sie den Köln-Becher einmalig ab einem Einkaufswert von 100 Euro geschenkt (siehe Seite 238).

85 Postkartenladen

»Sind das Schallplatten?«

So genau kann Hiltrud Roeckerath gar nicht sagen, wie viele verschiedene Motive der Postkartenladen im Sortiment hat. Mindestens 50.000 seien es aber. Damit hat das Geschäft der Buchhandlung Walther König auf der Breite Straße die wohl größte Auswahl an Postkarten deutschlandweit. Die Kunstmotive stammen aus den unterschiedlichsten Epochen, von der Höhlenmalerei bis ins 21. Jahrhundert.

Viele Kunden können sich gar nicht vorstellen, dass so viele Varianten angeboten werden. »Sind das Schallplatten?«, fragen sie zum Beispiel verwundert, wenn sie im ersten Stock vor der langen Wand mit den Dutzenden schwarzen Schubern stehen, in denen die Kunstpostkarten einsortiert sind. Die Karten sind nach Jahrhunderten eingeordnet, dann alphabetisch noch einmal nach den Namen der Künstler. Jedes Motiv, das für die Kunst wichtig ist, sei auch in dem Laden als Postkarte erhältlich, sagt Roeckerath, die für die kleinen Werke aus Karton verantwortlich ist.

Seit November 1981 gibt es den Postkartenladen in der Breite Straße. Walther König hatte die Idee zu diesem speziellen Geschäft während der Kölner »Westkunst«-Ausstellung (Kurator Bruder Kaspar König), bei der auch Kunstpostkarten gezeigt wurden. In Zusammenarbeit mit vielen Museen produziert der Gebrüder-König-Postkartenverlag seitdem ständig neue Motive – zum Beispiel von Bildern aktueller Schauen. 2007 zogen die 50.000 Postkarten in die erste, bisher als Verkaufsraum ungenutzte Etage. Im Erdgeschoss kamen Geschenkartikel aus aller Welt zum bisherigen Sortiment dazu.

Aber ein Postkartenladen im Zeitalter von Internet, E-Mail und sozialen Netzwerken? »Das Interesse ist ein gewisser Anachronismus«, sagt Roeckerath. Die Nachfrage sei in den vergangenen Jahren sogar wieder gestiegen. Eine Postkarte, zudem auch häufig Sammlerobjekt, habe eben einen ganz anderen Stellenwert als eine E-Mail.

Adresse Breite Straße 93, 50667 Köln (Altstadt-Nord), Tel. 0221 / 25085498, www.buchhandlung-walther-koenig.de, E-Mail: postkartenladen@buchhandlung-walther-koenig.de | **ÖPNV** Bahn 3, 4, 5, 16, 18, Haltestelle Appellhofplatz / Breite Straße | **Öffnungszeiten** Mo – Sa 10 – 20 Uhr | **Bonus** Gegen Vorlage dieses Buches schenkt Ihnen der Postkartenladen einmalig eine Kunstpostkarte aus dem Gebrüder-König-Postkartenverlag (siehe Seite 238).

POSTKARTEN ↑

86 Printen Schmitz

Zum Anbeißen – der Dom in 1,20 Meter

Seit 1842 existiert Printen Schmitz. Das Rezept für das Gebäck ist ein altes Familiengeheimnis, das nur zwei Personen kennen. »Nirgendwo anders in Köln gibt es das ganze Jahr über Printen«, sagt Inhaber Josef Schmitz. Neben vier Varianten an Bruchprinten verkauft er die Lebkuchen in mindestens sieben Geschmacksrichtungen. Sowohl Köche und Köln-Touristen auf Souvenirsuche als auch Fans der Hart- und Weichprinten werden in dem Traditionsgeschäft in der Innenstadt mit angeschlossenem, 250 Quadratmeter großem Café fündig.

»Ich suche Bruchprinten für die Soße zum Rheinischen Sauerbraten«, sagt eine Kundin. Wie kleine Kunstwerke zum Anbeißen sehen die im Regal hinter dem Tresen gestapelten Bruchprinten aus: Natur, Schoko, Nuss und Mandel – in diesen Varianten gibt es sie. Mindestens sieben weitere Geschmacksvarianten bietet die Konditorei an abgepackten Lebkuchenspezialitäten an: Kräuter-, Prinzess-, Schoko-Nuss-, Schoko-Mandel-, Vollmilch- und gefüllte Dessert-Printe.

»Das Geschäft wurde immer vom Vater an seinen Sohn weitergegeben.« Josef Schmitz leitet es in der fünften Generation. »Unsere Gewürzmischung kennen nur mein Vater und ich.« Selbst den acht Mitarbeitern der Backstube ist das Rezept nicht bekannt.

Die kleinen Printenmänner sehen noch genauso aus wie die allerersten Versionen. Die alten, noch vorhandenen Backformen werden allerdings heute nicht mehr benutzt.

Schmitz' Urgroßvater, der ebenfalls Josef Schmitz hieß, hatte die von L. A. Lieck 1842 im ehemaligen Pressehaus in der Breite Straße 86 gegründete »Maastrichter Kuchenbäckerei« übernommen. Aus der damaligen Honigbäckerei, so erzählt sein Urenkel, entstand schließlich die heutige Konditorei. Bereits seit dem Zweiten Weltkrieg verkauft sie ganzjährig Printen, auch in Form des Doms. Auf Bestellung gibt es das Kölner Wahrzeichen sogar in einer Größe von 1,20 Meter.

Adresse Breite Straße 87–91, 50667 Köln (Altstadt-Nord), Tel. 0221/2576384 | **ÖPNV** Bahn 3, 4, 5, 16, 18, Haltestelle Appellhofplatz/Breite Straße | **Öffnungszeiten** Mo–Fr 8.30–19 Uhr, Sa 8.30–18 Uhr | **Bonus** Ab einem Einkaufswert von 50 Euro erhalten Kunden bei Printen Schmitz einmalig gegen Vorlage dieses Buches einen Preisnachlass von 5 Euro (siehe Seite 238).

Nussbruch

87 Puppenklinik Joyce Merlet

Eine Maskenbildnerin lässt die Puppen (wieder) tanzen

»Es gibt nur ganz wenige Leute in Deutschland, die Porzellan restaurieren«, sagt Joyce Merlet. Der Grund: »Dazu braucht es nämlich vor allem Geduld und Zeit.« Die Französin ist die Chefin der Puppenklinik am Farina-Haus. Dort ist auf einer Etage ein Museum der Puppengeschichte mit Hunderten Exponaten stilecht in verschiedensten Arrangements untergebracht.

Im Laden liegen in den Regalen Arme, Beine, Köpfe und Rümpfe. Das Team um Merlet restauriert und repariert in oft tagelanger Handarbeit Puppen aus Celluloid, Porzellan, Stoff oder Ton, Stofftiere, Comicfiguren, Puppenhaare und -perücken sowie Schaufensterpuppen. »Selbstverständlich kümmern wir uns auch um die Kleidung der Puppen und Stofftiere, die wir restaurieren. Diese werden – wenn nötig – genäht, gewaschen und gebügelt.«

Ursprünglich hatte Joyce Merlet ein Geschäft für Geschenke. Oft kamen aber Leute bloß herein, um nach der Adresse eines nahe gelegenen Puppen-Doktors zu fragen, erzählt die gelernte Maskenbildnerin rückblickend. Eines Tages dachte sich Merlet: Die Puppe der nächsten fragenden Person nehme ich selbst an. So wurde Weiberfastnacht 1977 die Puppenklinik gegründet, die im September 2010 von der Ehrenstraße an ihren heutigen Standort umzog. Im Laufe der Jahre entstand zudem ein Museum (Eintritt kostenlos). »So sind die Puppen zu sehen, die sonst in Kartons gelagert werden müssten.«

Die Puppenklinik-Chefin, die auch Gutachten über beschädigte und vererbte Puppen erstellt, hat seit Beginn an einen Grundsatz für ihre Arbeit: »Wenn man sieht, wo etwas repariert worden ist, ist es nicht gut gemacht worden.« Im Laufe der Jahrzehnte hat sie deshalb immer mehr recherchiert, sich über die Eigenschaften von Farben informiert, um bestmögliche Arbeit leisten zu können. Um auch kaputtes Porzellan instand setzen zu können, hat sie extra Kurse in Versailles belegt.

Adresse Unter Goldschmied 3, 50667 Köln (Altstadt-Nord), Tel. 0221/254642, www.joycemerlet.com, E-Mail: info@joycemerlet.com | **ÖPNV** Bahn 1, 7, 9, Haltestelle Heumarkt | **Öffnungszeiten** Mo–Fr 10–19 Uhr, Sa 10–20 Uhr | **Bonus** Ab einem Einkaufswert von 20 Euro schenkt Ihnen Joyce Merlet einmalig gegen Vorlage dieses Buches einen kleinen Köln-Magneten im Wert von 2,55 Euro (siehe Seite 238).

88 Rimowa-Flagship-Store/ Museum

Ein Kölner Koffer geht um die Welt

Es ist eine Erfolgsgeschichte von Handwerk und Hightech, Tradition und Tüftelei – und davon, wie man aus der Not eine Tugend macht. Als im Zweiten Weltkrieg eine Bombe die Kofferfabrik von Richard Morszeck in Junkersdorf zerstört, bleiben nur die Aluminiumvorräte übrig. Morszeck, der bereits 1937 den ersten Überseekoffer daraus gebaut hatte, konzentriert sich fortan auf Aluminium. 1950 bringt er den ersten Leichtmetallkoffer mit den typischen Rillen heraus, die an die JU 52, *das* Flugzeug der 30er Jahre, erinnern sollen.

Heute verkauft Rimowa (**Ri**chard **Mo**rszeck **Wa**renzeichen) 750.000 Koffer pro Jahr. David Garrett transportiert darin seine Stradivari. Die Fußballer des 1. FC Köln und der Nationalelf sowie Hollywoodstars wie Jessica Alba und Cameron Diaz schwören auf sie. Porschefahrer können farblich zu ihren Autos passende Koffer bestellen. Mini-Rimowas, die die Lufthansa an Kunden der Ersten Klasse ausgegeben hat, werden bei Ebay hoch gehandelt. In knapp 300 Filmen spielen die Kölner Koffer eine Rolle. »Ich bin stolz auf die Pionierarbeit meines Vaters und Großvaters«, sagt Dieter Morszeck, der Rimowa seit 1984 leitet. Der Enkel von Firmengründer Paul Morszeck, der 1898 mit dem Bau von Koffern aus Leder und Holz anfing, eröffnete 2010 in Köln einen Flagship-Store mit Museum. Dort, etwa 100 Meter vom Dom entfernt, können sich die Besucher frühe Überseekoffer und erste Rillenkoffer ansehen.

Den größten Koffer der Welt hat Dieter Morszeck in Ossendorf gebaut: Hinter der Aluminiumfassade bauen 500 Mitarbeiter täglich bis zu 600 Koffer aus dem Leichtmetall – aus 200 Teilen, größtenteils in Handarbeit. Dort tüftelt der Chef an Griffen, Rollen und Schlössern, dort experimentierte er drei Jahre lang mit Polycarbonat. Mittlerweile macht Rimowa zwei Drittel des Umsatzes mit der Ware aus dem fast unzerstörbaren Kunststoff. Natürlich im Rillendesign.

Adresse Am Hof 3, 50667 Köln (Altstadt-Nord), Tel. 0221/16812079, www.rimowa.de, E-Mail: lmassur@rimowa.de | **ÖPNV** Bahn 5, 16, 18, Haltestelle Dom/Hauptbahnhof | **Öffnungszeiten** Di–Fr 10–19 Uhr, Sa 10–18 Uhr

89_rock-it-baby

Ein Laden voller Röcke

Ein Laden, der auf Röcke spezialisiert ist: Die passionierte Rockträgerin Sabine Berndt hat 2006 das Modelabel »rock-it-baby« und den dazugehörigen Laden in der Ehrenfelder Rothehausstraße gegründet. Seitdem entwirft die Kölnerin jede Woche ein bis zwei neue Modelle, die sie alle sowohl im Laden als auch im Onlineshop präsentiert. So sind ihre Designs längst über die Stadtgrenzen Kölns hinaus bekannt geworden.

»Der Rock ist ein ideales Kleidungsstück«, sagt Sabine Berndt. »Er ist feminin, elegant, aber auch bequem.« Und dennoch seien qualitativ hochwertige, ausgefallene Modelle schwer zu finden. Deshalb fing sie an, sich eigene zu nähen. Als die Nachfrage im Freundes- und Bekanntenkreis explodierte, machte sie sich 2006 selbstständig und entwirft seitdem auch zu den Röcken passende Jacken, Mäntel und Accessoires.

Klebt am Körper. Ist zu kurz. Krabbelt sich an der Strumpfhose nach oben. Sabine Berndt kennt die Probleme mit Röcken – vor allem, wenn es sich um schlecht sitzende Entwürfe handelt. Die Schnitte der ehemaligen Kunstlehrerin sind »für Frauen gemacht«, also an weiblichen Rundungen orientiert. »Jede Frau kann einen Rock tragen.« Die Designs sind »modisch, aber nicht trendabhängig«. Es gibt jeweils zwei Längen. Sabine Berndt kombiniert klassische Schnitte mit ausgefallenen Mustern, Stoffen und Materialmixen. Ob Ballon-, Kellerfalten-, Jeans-, Glocken-, Wickel- oder Tulpenrock – alle Modelle von Größe 32 bis 48 haben ein Unterfutter. Zum besseren Tragekomfort, wie die Rockfachfrau sagt, die in kleinen Schneidereien produzieren lässt.

Als »exklusives Shoppingerlebnis« für Freundinnen-Gruppen ab sechs Personen bietet Sabine Berndt »Rock-Partys« an – Prosecco inklusive. »Frauen beraten sich gern gegenseitig.« Bei so viel ungestörtem Anprobiervergnügen ist klar: Sabine Berndt und ihre femininen, eleganten, bequemen Röcke – das rockt!

Adresse Rothehausstraße 4, 50823 Köln (Ehrenfeld), Tel. 0221/5103745, www.rock-it-baby.de, E-Mail: sabine.berndt@rock-it-baby.de | **ÖPNV** Bahn 3, 4, Haltestelle Körnerstraße | **Öffnungszeiten** Mi–Do 17–20 Uhr, Fr 11–14 und 17–20 Uhr, Sa 11–16 Uhr | **Bonus** Ab einem Einkaufswert von 100 Euro erhalten Kunden bei rock-it-baby einmalig gegen Vorlage dieses Buches ein Utensilientäschchen gratis oder wahlweise einen Preisnachlass von 10 Euro (siehe Seite 238).

90 __ Rum Kontor

Schätze aus Zuckerrohr

Die Inhaber des Kölner Rum Kontors haben den Anspruch, so viel verschiedenen Rum wie möglich in ihrem Geschäft am Eigelstein vorrätig zu haben – ausgenommen Supermarktware. Nach anfänglich 100 stehen jetzt etwa 800 Sorten des alkoholischen Zuckerrohrgetränks aus der Karibik und aller Welt in Regalen, auf Tischen, in Körben und auf dem Boden des 50 Quadratmeter großen Ladens in der Lübecker Straße. Die Kunden seien bei so viel Auswahl schon mal überfordert, sagt Inhaber Jürgen Dietrich.

Dabei war der Firmenstart 1999 für den Rumspezialisten, der das Geschäft mit seiner Frau Petra führt, eher schwierig. »Viele kannten Rum damals nur als Backzutat oder als Bestandteil von Grog.« Zudem habe sich das Besorgen von Rumraritäten teilweise sehr schwierig gestaltet – von der Bestellung bis zur Lieferung habe es mitunter manchmal ein Jahr gedauert.

Mittlerweile läuft das Geschäft so gut, dass die Dietrichs ihre Flaschen kaum noch zählen können – selbst probiert hat Dietrich dennoch einen Großteil. Sterneköche aus ganz Deutschland schätzen seine Fachkenntnis. Im Laden können Kunden diverse offene Rumsorten auch testen. 80 Prozent des Umsatzes machen die Dietrichs, die Verkostungen und in Kooperation mit dem Schokoladenmuseum auch viermal im Jahr Genussseminare anbieten, indes über ihren Onlineversand.

Die Idee für das Geschäft kam den Weltenbummlern, als sie nach vielen Reisen, auf denen sie »wunderbaren Rum« getrunken hatten, zurück in Köln nichts Vergleichbares fanden. Heute reisen die Dietrichs immer noch – am liebsten dorthin, wo es warm ist und Zuckerrohr wächst. »Wir besuchen dann gerne Rumdestillen.« Ganz besondere Rumschätze werden anschließend schon mal im Handgepäck transportiert. Die sind dann aber für die private Bar gedacht. Für den Nachschub des Kontors im Eigelsteinviertel sorgen derweil diverse Importeure.

Adresse Lübecker Straße 6, 50668 Köln (Altstadt-Nord), Tel. 0221/1393390, www.koelnerrumkontor.de, E-Mail: info@koelnerrumkontor.de | **ÖPNV** Bahn 5, 12, 15, 16, 18, Haltestelle Ebertplatz | **Öffnungszeiten** Di–Fr 10–18 Uhr, Sa 11–14 Uhr | **Bonus** Gegen Vorlage dieses Buches bekommen Sie bei einem Einkauf im Rum Kontor einmalig ein Miniatur-Rumfläschchen (0,05 Liter) geschenkt (siehe Seite 238).

91 Sailing Office

Segelprofis und Lebensretter

Segelsportfachgeschäft, Segelreisebüro und Segelschule in einem: Diese Kombination macht das Sailing Office in der Südstadt zu einem besonderen Geschäft. Solch ein Komplettangebot bietet sonst kaum jemand in Deutschland an.

Inhaber Stefan Eschenberg gründete den kleinen Laden weitab vom Meer 1998 am Karolingerring. »Wir begleiten Segelinteressierte von den ersten Schritten beim Segelnlernen bis zum Chartern eines Bootes«, erklärt der Diplom-Geograf. Im Sailing Office können sich Segelfreunde zudem von Fuß bis Kopf einkleiden. Neben Segelbekleidung mit den typischen weiß-blau oder weiß-rot gestreiften Shirts führt das Sailing Office vor allem Funktionskleidung: Segelstiefel, -schuhe, -jacken und Rettungswesten. Außerdem gibt es Bücher und Hefte zum Thema.

Eschenberg, der über seinen Vater zum Wassersport gekommen ist, nimmt sich bei einer Tasse Kaffee viel Zeit für die Beratung seiner Kunden. Zeit, die ihm dann leider für das Segeln fehlt, wie er sagt.

In der angegliederten Segelschule, die Jochen Vetter leitet, lernen jedes Jahr etwa 300 Kunden das Segeln oder machen einen Motorbootführerschein auf dem eigenen Ausbildungsboot auf dem Rhein. Auch weitere Lizenzen wie der Sportküstenschifferschein können in der Segelschule erworben werden. Dazu gibt es mehrmals im Jahr Ausbildungstörns auf dem niederländischen Ijsselmeer, an der Nord- oder Ostsee und im Mittelmeer.

Nach so viel Schiffstouren auf Rhein und sonstigen Gewässern gibt es für die Segelprofis und ihre Kunden natürlich viel Seglerlatein zu erzählen. Jeden dritten Donnerstag veranstalten Eschenberg und Vetter deshalb einen Stammtisch. Kein Seemannsgarn ist dabei aber, dass Vetter bereits zwei Menschen das Leben gerettet hat. Der Segellehrer, der das nicht an die große Glocke gehängt haben möchte, zog die hilflos im Rhein treibenden Personen in sein Boot.

Adresse Karolingerring 5, 50678 Köln (Neustadt-Süd), Tel. 0221/9322760, www.sailing-office.de, E-Mail: mail@sailing-office.de | **ÖPNV** Bahn 15, 16, Haltestelle Chlodwigplatz | **Öffnungszeiten** Mo–Fr 10–19 Uhr, Sa 9–15 Uhr | **Bonus** Ab einem Einkaufswert von 50 Euro erhalten Kunden im Sailing Office einmalig gegen Vorlage dieses Buches einen Preisnachlass von 5 Euro. Der Rabatt gilt auch für Segelkurse (siehe Seite 238).

92__ Saturn-Stammhaus

Der Musikplatten-Pionier vom Hansaring

Rund 240 Saturn-Märkte gibt es 2012 in Europa, davon etwa 150 allein in Deutschland. Angefangen hat die Erfolgsgeschichte 1961 am Hansaring. Die »größte Schallplatten-Schau der Welt« von Firmengründer Friedrich Wilhelm Waffenschmidt lockte ab den 70er Jahren Millionen in die Stadt – Saturn war in dieser Zeit zum wichtigsten Publikumsmagneten nach dem Dom geworden.

Wohl fast jeder Musikfan, der in den 70er und 80er Jahren in Westdeutschland aufgewachsen ist, hat sie: persönliche Saturn-Einkaufsgeschichten, unvergesslich wie der Kauf der ersten Platte oder CD. Auch der heutige Gesamtverkaufsleiter erzählt von Schul-Sammelbestellungen, der Einkaufstour am Hansaring und dem Weiterverkauf mit ein paar Pfennigen Gewinn. »Saturn hat in Köln eine lange Tradition und gehört zu den Stammhäusern der Stadt«, sagt Marc Gerhards. Inspiriert von dem Besuch des damals weltweit größten Schallplattenhändlers in New York, hatte Waffenschmidt am 1. Juli 1961 Saturn gegründet und zunächst ausschließlich Diplomaten Zugang gewährt. Nach dem Start des Schallplattengeschäfts 1972 zog der Discounter-Pionier mit den Firmen Saturn und Hansa-Foto dann 1977 an den heutigen Standort – in das backsteinerne 17-geschossige Hansahochhaus, das bei seiner Fertigstellung 1925 mit 65 Metern Europas höchstes Gebäude war.

Wo früher die »größte Schallplatten-Schau der Welt« die Kunden anzog, wirbt die Firma seit dem Umbau zum 50. Jubiläum mit dem »größten Entertainment-Haus der Welt«. Laut Saturn ist die Auswahl an Musik (160.000 CDs), Filmen (110.000 Titel) und Software auf 3.000 Quadratmetern konkurrenzlos. Vinyl-Schallplatten werden auf 15 Regalmetern angeboten – die größte Auswahl innerhalb der 240 Märkte der Kette. Für Gerhards macht nach wie vor aber auch die Kompetenz das Geschäft einzigartig: »Wenn es darum geht, vorgesummte Songs zu erkennen, sind unsere Mitarbeiter unschlagbar.«

Adresse Maybachstraße 115, 50670 Köln (Neustadt-Nord), Tel. 0221/16160, www.saturn.de, E-Mail: koeln-hansaring@saturn.de | **ÖPNV** Bahn 12, 15, S-Bahn S6, S11, S12, S13, Haltestelle Hansaring | **Öffnungszeiten** Mo–Sa 10–20 Uhr

93_ Schirm Bursch

Gut beschirmt zu jeder Gelegenheit

»Ein Fachgeschäft für Schirme ist heute eine Rarität«, sagt Manfred Richard Bursch über seinen Schirmladen mit individuellem Anfertigungs- und Reparaturservice. Früher war das anders: Als der Vater des Inhabers das Geschäft gründete, war fast jeder Schirm eine Anfertigung nach Kundenwunsch. Im Februar 1946 begann die Firmengeschichte. Der gelernte Kaufmann Albert Richard Bursch eröffnete damals Auf dem Berlich einen Schirmladen. Das Geschäft florierte; bald führte die Familie eine Schirmfabrik und zeitweise fünf Filialen. 1958 hatte Bursch senior sogar einen »verkürzbaren Schirm« konstruiert. Griff und Spitze waren bei diesem patentierten Taschenschirm aufgeschraubt. Mit wenigen Handgriffen war er in einen Stockschirm verlängerbar. Schließlich kannte sich der Geschäftsgründer im Metier um den Regen- und Sonnenschutz gut aus: Er war zuvor Haupthandelsvertreter der Sülzer Schirmfabrik der Gebrüder Nolte.

In den 70er Jahren, als erste Billigimporte aus China in deutsche Kaufhäuser kamen, ging es bergab mit den Schirmgeschäften, erzählt Manfred Richard Bursch, der das Unternehmen 1983 übernahm und heute mit seiner Frau Marga führt. »Früher wurde mehr Wert auf einen schönen Schirm gelegt.« Bursch musste vier Filialen schließen und produziert auch nicht mehr selbst. Das macht heute bei besonderen Wünschen der Kunden ein Schirmmachermeister aus Köln, der für das Traditionsgeschäft außerdem einzelne Modelle restauriert und sogar nachbaut.

Ob Minischirme, Stockschirme, Stützschirme, Umhängeschirme, Portierschirme, Taschenschirme oder handgefertigte Schirme mit Griffen aus Bambus oder Pfefferrohr – die Auswahl aus ausschließlich europäischen Produktionen ist nach wie vor riesig. Bursch bietet in seinem Geschäft mit der roten Leuchtreklame Spazierstöcke und etwa 1.000 unterschiedliche Schirmmodelle an, mit vielen Motiven und aus diversen Materialien.

Adresse Breite Straße 104, 50667 Köln (Altstadt-Nord), Tel. 0221 / 2578057 | **ÖPNV** Bahn 1, 3, 4, 7, 9, 16, 18, Haltestelle Neumarkt | **Öffnungszeiten** Mo – Fr 10 – 18.30 Uhr, Sa 10 – 15 Uhr | **Bonus** Ab einem Einkaufswert von 50 Euro erhalten Kunden bei Schirm Bursch einmalig gegen Vorlage dieses Buches einen Preisnachlass von 5 Euro (siehe Seite 238).

94__ Schlechtrimen

Der langsamste Bäcker der Stadt

Auf den Grundmauern des einstigen Kalker Rathauses befindet sich seit drei Generationen eine Institution im Rechtsrheinischen. Die Bäckerei Schlechtrimen. Sie wurde 2006 als erste und bisher einzige Bäckerei Kölns als »Slow Baker« zertifiziert. Das heißt, dass sie auf chemische Zusätze, Fertigmischungen, Teiglinge und genmanipulierte Rohstoffe verzichtet. Hergestellt wird in Handarbeit nach eigenen Rezepten. Leidenschaft statt Pülverchen. So formuliert es Engelbert Schlechtrimen.

Zum Beweis der Qualität bricht der Chef Brötchen auf, schneidet Brot an, drückt die Krume ein, riecht prüfend an seinen Backwaren, redet über enzymatische Prozesse. »Brot aus Sauerteig schmeckt spannend.« Denn Reifeprozesse laufen immer minimal anders ab. Daher gebe es täglich neue Variationen der Aromen. Chemie sorge im Gegensatz dafür, dass alles immer gleich schmecke. In Tausenden Betrieben landauf, landab.

Bäckermeister Engelbert Schlechtrimen, der Großvater des heutigen Inhabers, eröffnete das erste Geschäft 1932 in Mülheim. Nach dem Zweiten Weltkrieg zog das Unternehmen nach Kalk. 1994 übernahm Bäcker- und Konditormeister Engelbert Schlechtrimen, dessen Vater auch Engelbert heißt. Täglich werden in der Backstube 30 Sorten Brot, 13 Brötchenvarianten, 23 Gebäckarten, 25 Sorten Kleingebäck, 15 verschiedene Blechkuchen und 36 unterschiedliche Kuchen oder Torten hergestellt.

Für Schlechtrimen haben die zeitintensiven Arbeitsschritte, die früher in jeder Backstube üblich waren, mit Berufsehre zu tun. Er zeigt weiße Eimer mit Sauerteigen, die mindestens 24 Stunden reifen. Aus diesen mal mild, mal kräftig säuerlich riechenden Vorteigen bereiten die Bäcker ab halb drei Uhr morgens Mehlmischungen zu, die dann wieder stundenlang reifen. Baguettes werden zum Beispiel aus französischen Vorteigen namens Poolish und Levain gebacken. »Wir brauchen für gute Qualität viel, viel Zeit.«

Adresse Kalker Hauptstraße 210, 51103 Köln (Kalk), Tel. 0221/987170, www.schlechtrimen.de, E-Mail: kontakt@schlechtrimen.de | **ÖPNV** Bahn 1, 9, Haltestelle Kalk Kapelle | **Öffnungszeiten** Mo–Fr 6–18.30 Uhr, Sa 6–14 Uhr, So 7.30–17 Uhr | **Bonus** Gegen Vorlage dieses Buches schenkt Ihnen die Bäckerei Schlechtrimen zum Probieren einmalig ein halbes Brot Ihrer Wahl (siehe Seite 238).

95__ SSK

Heinrich Böll und das Möbellagerkollektiv

Dass es die 1969 gegründete SSK, die Sozialistische Selbsthilfe Köln, als Wohn- und Arbeitskollektiv mit ihrem Möbellager noch gibt, ist auch Heinrich Böll zu verdanken. Der Kölner Literaturpreisträger stellte sich nach einem Verbot 1974 hinter die SSK, war Mitbegründer des Vereins »Helft dem SSK« und schenkte der Einrichtung ein Haus in Neuehrenfeld. Im »Böll-Haus« lebt die SSK Ehrenfeld noch heute.

Als »Sozialpädagogische Sondermaßnahmen Köln« gegründet, engagiert sich die SSK zunächst in der Bewegung gegen die sogenannte staatliche Fürsorgeerziehung (»Nein zu Knast und Heim«) und nimmt aus Heimen geflohene Jugendliche in Wohngemeinschaften auf. Als die Stadt die Unterstützung streicht, der Verein verboten wird, ändert die SSK 1975 ihren Namen in Sozialistische Selbsthilfe, besetzt eine Tankstelle in der Liebigstraße und richtet dort ein Secondhand-Möbellager ein. Damit finanziert sich der Verein seitdem vollständig selbst.

»Wir leben und arbeiten als Kollektiv wirklich zusammen – ganz ohne Chef. Alle sind gleichberechtigt«, erzählt Michael Seffner. Er wohnt mit 14 anderen im »Böll-Haus«, das sich auf demselben Grundstück wie das Möbellager befindet – beispielhaft für die Gesellschaft, meint Seffner. Einmal in der Woche treffen sich alle Mitglieder, um zu besprechen, wie in der folgenden Woche gearbeitet wird (die Mitglieder bekommen dafür übrigens nur ein kleines Taschengeld) und welche politischen Aktivitäten unterstützt werden sollen.

Neben Möbeln verkauft die SSK in ihrem weiß verklinkerten Lagergebäude Kleidung, Bücher, Lampen, Porzellan, Musikplatten, Taschen, Fahrräder und Kühlschränke. Die Sachen stammen aus Spenden, Wohnungsauflösungen oder Entrümpelungen. »Bei uns gibt es auch schon mal antike Möbel für 150 Euro, die im Antiquitätenladen das Fünffache kosten würden.« Bedarfsdeckung ja, Gewinnerzielung nein, Böll sei Dank.

Adresse Liebigstraße 25, 50823 Köln (Neuehrenfeld), Tel. 0221/556189, www.sozialistischeselbsthilfekoeln.de, E-Mail: ssk-ehrenfeld@gmx.net | **ÖPNV** Bahn 5, Haltestelle Liebigstraße | **Öffnungszeiten** Di–Fr 10–13 und 14–18 Uhr, Sa 11–14 Uhr | **Bonus** Bei einem Einkaufswert von 50 Euro erhalten Kunden im SSK-Möbellager in Ehrenfeld einmalig gegen Vorlage dieses Buches einen Preisnachlass von 5 Euro. Ist die Einkaufssumme höher als 50 Euro, gibt Ihnen die SSK einmalig 10 Prozent Rabatt (siehe Seite 238).

96__ Stollwerck Werksverkauf

Ein Versprechen und fliegende Schokolade

»Mer losse Stollwerck en Kölle.« So beruhigte Hans Imhoff, der frühere Chef der Schokoladenfirma, via Flugzeugtransparent in den 70er Jahren die Kölner. Kurz zuvor hatte er die Produktion vom Severinsviertel nach Westhoven an den Stadtrand verlegt. Das alte Werk wurde später nach heftigem Widerstand inklusive Fabrikbesetzung abgerissen. Obwohl in der neuen Fabrik seit 2005 keine Schokolade mehr hergestellt wird, hat Stollwerck sein Versprechen von einst bis heute gehalten. In Westhoven befindet sich nach wie vor die Verwaltung mit 240 Mitarbeitern. Und es gibt dort einen Werksverkauf.

»Wir sind historisch tief verwurzelt in Köln. Deshalb wollen wir, dass die Kölner ihre Stollwerck-Schokolade auch bei uns in Köln kaufen können«, sagt Jan Zuther, der Stollwerck-Sprecher, zu den Gründen, warum es in der ehemaligen Fabrik im Porzer Stadtteil seit 2009 einen Werksverkauf gibt. Genau 170 Jahre zuvor, 1839, hatte Franz Stollwerck sein Unternehmen in Köln eröffnet, in dem er zunächst Mürbegebäck und Hustenbonbons produzierte. Seine Kinder und der spätere Unternehmenschef Hans Imhoff machten Stollwerck zu einem führenden Hersteller von Schokoladenprodukten.

Im Werksverkauf können sich die Besucher mit Schokolade, Pralinen, Trüffeln und Co. der Stollwerck-Marken eindecken. Bei A-Ware, die, wie zum Beispiel Schokoladenweihnachtsmänner, aus Überproduktionen stammt, könne man zwischen 20 und 30 Prozent sparen, erklärt Werksverkaufsleiter Hubert Hennig. B-Ware mit einem nur noch relativ kurzen Mindesthaltbarkeitsdatum gebe es bis zu 40 Prozent günstiger. Diese Rabatte wissen neben täglich bis zu 300 Kunden auch viele Karnevalsvereine der Stadt zu schätzen. Manche von ihnen ordern vom Werksverkauf für Rosenmontag bis zu 20.000 Schokoladentafeln als Wurfmaterial. Da passt es, wenn Hennig sagt: »Stollwerck gehört wie der Karneval zu Köln.«

Adresse Stollwerckstraße 27–31, 51149 Köln (Westhoven), Tel. 02203/430, www.stollwerck.de, E-Mail: info@stollwerck.de | **ÖPNV** Bahn 7, Haltestelle Westhoven Berliner Straße | **Öffnungszeiten** Mo–Fr 10–17 Uhr | **Bonus** Gegen Vorlage dieses Buches schenkt Ihnen der Stollwerck Werksverkauf als kleines Dankeschön für Ihren Besuch einmalig ein hochwertiges Schokoladenpräsent (siehe Seite 238).

97__Subcouture

Ein Meer aus 80er-Jahre-Stiefeln

Die wohl weltweit größte Auswahl an Stiefeln aus den 80ern gibt es bei Subcouture. Das sagt zumindest der Chef des Ladens. Etwa 900 verschiedene Modelle, darunter Pumps und Mary-Poppins-Schnürschuhe, sind in dem Geschäft ständig vorrätig. Reine Intuition sei es gewesen, dass das 1990 gegründete Subcouture vor einigen Jahren auf speziell diese Schuhe gesetzt habe. »2006 ist die Nachfrage für 80er-Jahre-Stiefel explodiert, und bis heute hält der Trend an«, erzählt Chef Klaus, dessen Schuhmeer samt weiterer ausgefallener Kleidung seit 2006 in der Hahnenstraße zu finden ist.

Neben der großen Auswahl an Stiefeln sind Taschen und Sportkleidung original aus den 50er, 60er, 70er und 80er Jahren sowie »Studio-54-Glitter-Glamour-Kleider« Schwerpunkte des Sortiments. So manches an Filmausstatter verkaufte Teil hat Klaus später schon auf der Leinwand wiedergesehen. »Wir führen so gut wie keine schlichten Outfits«, erklärt er bei der Führung durch den 200-Quadratmeter-Laden. »Für Partypeople wollen wir außergewöhnliche Stücke bieten.« Schließlich möchte niemand in Alltagsklamotten Party machen. Das gilt besonders für Karneval. Folglich schätzen auch viele Jecken das Subcouture als Fundus ungewöhnlicher Verkleidungen.

Neben Secondhandartikeln, darunter allein 600 Kleider, hängen 30 Prozent Neuware auf den Stangen. Die Jungdesigner »Fräulein Edel«, Nadine Wiesner und Deniz Kükner verkaufen ihre Mode exklusiv bei Subcouture. Kükner entwirft und schneidert im Untergeschoss. Dort finden auf noch einmal 200 Quadratmetern regelmäßig professionelle Fotoshootings und Modelcastings statt, erzählt Klaus, der seinen Laden deshalb auch als »Kulturprojekt« versteht. Die außerdem im Untergeschoss untergebrachten Fotostudios sind bei Modefotografen äußerst beliebt – unter anderem weil sie die Models dort in historischen Gemäuern mit Resten der alten Stadtmauer in Szene setzen können.

Adresse Hahnenstraße 45, 50667 Köln (Altstadt-Süd), Tel. 0221 / 3026275 | **ÖPNV** Bahn 1, 7, 12, 15, Haltestelle Rudolfplatz | **Öffnungszeiten** Mo–Fr 11–20 Uhr, Sa 11–19 Uhr | **Bonus** Gegen Vorlage dieses Buches erhalten Sie bei Subcouture einmalig ein Paar 80er-Jahre-Stiefel zum vergünstigten Preis von 30 Euro statt regulär 39 Euro (siehe Seite 238).

98__ Taj Mahal Textilien

Saris, Bindis und Turbane – nicht nur für Jecken

Ob der Sultan aus dem Höhner-Song ein Inder war, ist nicht klar – genauso wenig wie die Frage, ob und was für eine Kopfbedeckung er trägt. Sicher ist aber, dass es Turbane und 300 Kleider aus Indien nicht nur zu Karneval bei Taj Mahal Textilien gibt, dem nach eigenen Angaben ältesten und größten indischen Modegeschäft Kölns. Kavel Kandahari, der den Laden mit seiner Frau Meena führt, importiert fast alle Stoffe aus Indien. Die fertigen Saris und Co. werden, angefangen von der Produktion des Stoffes bis hin zum Nähen, von A bis Z in Nordindien hergestellt.

»Wir sind ein Komplettausstatter für Frauen und Männer«, sagt Sunder Kandahari, der Sohn der Inhaber. »Und wir achten darauf, dass unsere Stoffe hochwertig sind.« Rot, Blau, Gelb und viel Gold: In dem 80 Quadratmeter großen Geschäft fällt auf, wie bunt die Stoffe aus Baumwolle, Leinen, Samt, Georgette, Seide, Seidentaft, Viskose und diversen Mischfasern sind. Am meisten werde Satin verkauft: »Ein fester Stoff, aus dem schöne Gewänder genäht werden können.«

Indische Gewänder wie der Sari: Bei Taj Mahal Textilien wird er als sechseinhalb Meter langes vorgeschnittenes Tuch angeboten, das durch die Wicklung angepasst wird. Einmal fragte ein Karnevalist nach dem Kleidungsstück, das eigentlich nur Frauen tragen. »Er wollte als Inderin gehen. Da mussten wir den Unterrock verbreitern. Das hat super ausgesehen.«

Stoffe, Kleider, Schmuck und solche Geschichten machen den Besuch bei den Kandaharis zu einem Erlebnis. Und sie können noch mehr erzählen – von Bollywood-Filmen (»gravierende Übersetzungsfehler«), fertigen Turbanen (»eine Art Hut aus plastikähnlichem Stoff«) und der Bedeutung der Farben Rot und Gold bei den traditionell auf der Stirn getragenen Bindi-Punkten (»vergeben oder verheiratet«) im Zeitalter von »Bindi 2.0« – Schmuck für die Stirn in fast allen erdenklichen Farben und Formen.

Adresse Hämergasse 18–20, 50667 Köln (Altstadt-Nord), Tel. 0221/9385204, www.tajmahal-textilien.de, E-Mail: webmaster@tajmahal-textilien.de | **ÖPNV** Bahn 1, 3, 4, 7, 9, 16, 18, Haltestelle Neumarkt | **Öffnungszeiten** Mo–Sa 10.30–19.30 Uhr | **Bonus** Bei einem Einkaufswert von 250 Euro erhalten Kunden bei Taj Mahal Textilien einmalig gegen Vorlage dieses Buches einen Preisnachlass von 50 Euro (siehe Seite 238).

99__ Törtchen Törtchen
Himmlisch leckere Versuchungen

Acht Zentimeter Durchmesser haben die Törtchen. Zu den beliebtesten gehören die Sorten Cassis Mousse und Cube Chocolat. Letzteres hergestellt aus Mousse au Chocolat, Kakaobohnenbrûlée, Nuss-Brownie, Mandelsablée und einem Schokosegel mit Grué de Cacao sowie Knusperperlen. Beste Zutaten – laut den Chefs eines der Geheimnisse von »Törtchen Törtchen«: französische Fruchtpürees, echte Vanille und Butter, Obstbrände kleiner Manufakturen. »Das Mandelmehl für den Biskuit importieren wir extra aus Belgien«, erklärt Elmar Schumacher-Wahls, der die Patisserie 2005 mit Torsten Schöneich gegründet hat. »Viele unserer Produkte gibt es sonst außerhalb von Paris und Brüssel nicht.« Es ist die Kombination von Qualität, Aussehen und Geschmack, die das Gebäck nach seinen Angaben besonders macht. »Mir schmeckt auch guter Marmorkuchen. Es geht nicht darum, abgehobene Sachen zu produzieren. Schmecken muss es. – Wenn man gute Zutaten reinsteckt, dann ist das quasi schon gewährleistet.«

Nach dem Start mit einem Café in der Innenstadt führen Schöneich und Schumacher-Wahls heute vier Filialen inklusive Catering-Service – zwei Zweigstellen gibt es allein in der Innenstadt. 15 Personen stellen in der Konditorei in Nippes täglich 14 Törtchensorten her. Zudem kreiert das Team auf Wunsch auch Hochzeitstorten. »Zwischen Petit Fours und Torten mit einem Meter Durchmesser ist alles möglich.«

Chef-Patissier ist seit April 2009 Matthias Ludwigs, der zuvor von der Test-Equipe des Gault Millau zum Patissier des Jahres gewählt worden war und ein Rezeptbuch geschrieben hat: »Törtchen, Törtchen: Himmlische Versuchungen«. Darin will er zeigen, dass »auch Amateurköche erfolgreich mit Profirezepten arbeiten können«. Wer das nicht glaubt, hat zwei Optionen: ein Törtchen von Ludwigs kaufen und sezieren. Oder einen Patisserie-Kurs unter seiner Leitung belegen.

Adresse Apostelnstraße 19, 50667 Köln (Altstadt-Nord), Alte Wallgasse 2a, 50672 Köln (Altstadt-Nord) und Steinbergerstraße 5, 50733 Köln (Nippes), Tel. 0221/ 1707108, www.toertchentoertchen.de, E-Mail: info@toertchentoertchen.de | **ÖPNV** Bahn 1, 3, 4, 7, 9, 16, 18, Haltestelle Neumarkt, beziehungsweise Bahn 3, 4, 5, 12, 15, Haltestelle Friesenplatz; Bahn 12, 15, Haltestelle Florastraße | **Öffnungszeiten** siehe www.toertchentoertchen.de | **Bonus** Gegen Vorlage dieses Buches erhalten Sie bei »Törtchen Törtchen« in einer der Kölner Filialen einmalig beim Kauf eines Törtchens ein zweites gratis dazu (siehe Seite 239).

100__ Utensil

Milch und Wein aus dem Erlenmeyerkolben

Erlenmeyerkolben als Weinkaraffe, Straßenmülleimer als Wäschekorb: »Utensil« verkauft Produkte aus Industrie und öffentlichen Räumen, die alltagstauglich sind. Dinge, die sonst nicht im Einzelhandel erhältlich sind. So erklärt es Anna Lederer, die ihren Laden im Oktober 2009 in einer ehemaligen Metzgerei eröffnete. Viele ihrer Industrieprodukte seien auch ästhetisch nicht zu verachten. Praktisch seien sie sowieso.

Es fing mit dem Erlenmeyerkolben an. Sein Einsatzort: Labore und Chemieräume. »Er tropft nicht. Darin kann man gut Wein dekantieren«, fand Lederer. Oder direkt auf der Herdplatte Milch erwärmen. »Es ist ein Spiel mit dem Einsatzort. Ich nehme die Produkte aus ihrem Arbeitsumfeld heraus und setze sie in den privaten Bereich«, erklärt die Einzelhandelskauffrau, die an der Köln International School of Design studiert hat. Kürzlich haben acht Designer für sie Industrieprodukte so verändert, dass sie für weitere Einsätze nutzbar sind. Der Erlenmeyerkolben bekam ein Ausgussröhrchen und einen Deckel und kann so als Öl- oder Teekännchen verwendet werden.

Cremefarbene Kacheln aus den 40ern, eine Glasdecke mit Messingrahmen: Der Raum, in dem Lederer ihre Utensilien verkauft, war früher eine Metzgerei. Sein Charme habe zu ihrem Konzept perfekt gepasst. Als sie den Raum gesehen habe, habe sie ihn nur noch bespielen müssen. »Interieur, Regalsystem, Ware – auf einmal existieren die für die Industrie entworfenen Gegenstände wie in einer Designwelt.«

Ob Netzkleiderbügel aus der Schwimmbadumkleide, Maschinenbeleuchtung, Mensatabletts oder Medizingläschen (mit Skala, für ein Schnäpschen) – viele Produkte findet die Utensil-Inhaberin in Laboren, Werkstätten oder in der Gastronomie. Die Gegenstände bezieht sie vom Hersteller oder von Großhändlern. »Die Straßenmülleimer-Verkäufer haben sich schon gewundert, was ich mit nur zehn Stück will.«

Adresse Körnerstraße 21, 50823 Köln (Ehrenfeld), Tel. 0221 / 16831673, www.utensil-shop.de, E-Mail: post@utensil-shop.de | **ÖPNV** Bahn 3, 4, Haltestelle Körnerstraße | **Öffnungszeiten** Di–Fr 11–19 Uhr, Sa 11–16 Uhr | **Bonus** Gegen Vorlage dieses Buches können Sie bei Utensil einen großen Erlenmeyerkolben (ein Liter) zum Sonderpreis von 7,50 Euro (regulärer Preis 9 Euro) kaufen (siehe Seite 239).

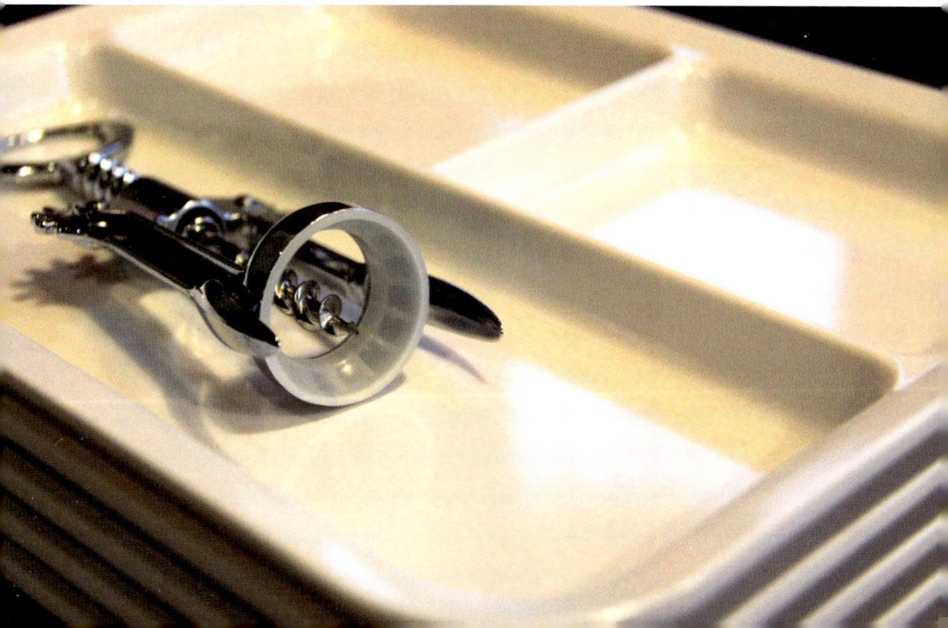

101__ Veloküche

Zweiradmechanik mit Stern

Sieben Jahre lang war Eduard Maier fast jeden Tag als Fahrradkurier auf Kölns Straßen unterwegs. An einem Arbeitstag legte er dabei etwa 100 Kilometer zurück. So kamen zwischen 2004 und 2010 über 150.000 Kilometer zusammen – berechnet ohne die zweimonatige Zwangspause wegen gebrochener Schulter (ein Autofahrer hatte ihn beim Wenden übersehen und »umgenietet«).

Der gelernte Zweiradmechaniker weiß also, wovon er spricht, wenn er seit Juni 2010 in seiner »Veloküche« gebrauchte und neue Räder verkauft, Velos repariert und Kunden aus seinem Erfahrungsschatz berät. Sein Credo: Rad und Radfahrer müssen gut zusammenpassen.

Den Kauf eines Rades vergleicht Maier mit der Bestellung in einem Sternerestaurant. »Da sagt niemand zum Kellner: ›Ich will nur irgendwas zu essen.‹« Viele Radfahrer hätten aber nur geringe Ansprüche. Nach dem Motto: Ich will damit nur fahren. »Das ist nicht mein Anspruch«, betont der Veloküchen-Chef, der in Köln fast nur auf einem seiner acht (!) Räder unterwegs ist. Die Bahn benutze er nie und das Auto nur, wenn es sein müsse. Maier schwärmt fürs Radfahren – in und um Köln. »Man braucht kein Benzin, kann aus eigener Kraft weit kommen.« Und außerhalb der Stadt Richtung Eifel wechsle die Landschaft alle zehn Kilometer.

Sein erstes eigenes Kurierrad hat sich Maier aus Einzelteilen selbst zusammengebaut: vorn Scheibenbremse, hinten Felgenbremse, fünf Gänge. »Alles war auf geringen Verschleiß ausgerichtet. So hatte ich relativ günstig ein Rad, an dem keine für mich unnötigen Teile waren.« Langfristig wolle er erreichen, dass auch seine Kunden ein individuelles Rad, aus einer Hand gebaut, bei ihm erwerben könnten.

Drauf hat er es: Für Radrennfahrer Jan Eric Schwarzer, Deutscher Steher-Meister 2007, gestaltete er ein Steherrad. Und mit seinem ersten Kurierrad fährt Maier noch heute – wenn auch nicht mehr täglich 100 Kilometer.

Adresse Overbeckstraße 43, 50823 Köln (Neuehrenfeld), Tel. 0221/29977946, www.velokueche.de, E-Mail: info@velokueche.de | **ÖPNV** Bahn 3, 4, 13, Haltestelle Venloer Straße/Gürtel | **Öffnungszeiten** Mo–Fr 12–18 Uhr (aktuelle Öffnungszeiten im Internet) | **Bonus** Eduard Maier checkt einmalig gegen Vorlage dieses Buches Ihr Rad bei einer kleinen Inspektion zum Sonderpreis von 20 Euro, regulärer Preis 25 Euro (siehe Seite 239).

102 Viertmann Gitarren

Vom Lagerfeuer zum Rekordhalter

Sie ist 4,46 Meter lang, 120 Kilogramm schwer: Mit einem Schreiner baute Heiner Viertmann die größte spielbare Gitarre der Welt. Doch nicht wegen des Rekord-Instruments kommen Gitarristen aus aller Welt zu ihm in den Laden in die Beethovenstraße, sondern wegen der Hunderte Meistergitarren in seinem Sortiment. »In Europa gibt es kein vergleichbares Geschäft«, sagt Musikalienhändler Viertmann, dessen berühmtester Kunde der spanische Gitarrist Andrés Segovia war.

Zur Akustikgitarre kam Viertmann klassisch am Lagerfeuer: Der gebürtige Bielefelder hatte als Zehnjähriger angefangen, sich das Spielen auf dem Instrument selbst beizubringen. Mitte der 50er Jahre half er am Möhnesee in einer DLRG-Rettungsstation. Dort faszinierte den damals schüchternen 16-Jährigen das nächtliche Spiel eines Gitarristen. Dieser empfahl Viertmann den Besuch der Jugendmusikschule. Jahrzehnte später kam derselbe Gitarrenspieler ins Geschäft in der Südstadt, als 80-Jähriger mit weißen Jahren. »Ich habe ihn sofort daran erkannt, wie er die Gitarre gehalten hat«, erzählt Viertmann.

Seit 1972 verkauft er vor allem klassische Konzertgitarren, die nicht selten zwischen 3.000 und 30.000 Euro kosten. »Alles Einzelstücke. Keine in Serie gebauten Instrumente.« Viertmann mutet auch Anfängern keine Billigmodelle zu. Bei denen sei ein separates Griffbrett oft nur vorgetäuscht, sodass sich der Hals des Instruments direkt beim Einspannen verbiege.

Beim Betreten des »Mekkas der Gitarristen« (Viertmann) fällt der Blick zuerst auf das Exemplar mit Vermerk im Guinness-Buch. Eine Kopie des Hausmodells im Maßstab 1:4. Den warmen tiefen Ton der Rekord-Gitarre, die Viertmann zu Werbezwecken baute, präsentierte er schon im Fernsehen, spielte dort »Freude schöner Götterfunken«. »Einer muss zupfen, der andere auf einer Leiter die Saiten mit der Hand ans Griffbrett drücken.«

GITARREN

Adresse Beethovenstraße 27, 50674 Köln (Neustadt-Süd), Tel. 0221/231199, www.viertmann-gitarren.de, E-Mail: service@viertmann-gitarren.de | **ÖPNV** Bahn 9, 12, 15, Haltestelle Zülpicher Platz | **Öffnungszeiten** Di–Do 10–13.30 und 15–18.30 Uhr, Fr 15–18.30 Uhr, Sa 10–14 Uhr | **Bonus** Gegen Vorlage dieses Buches schenkt Ihnen Viertmann Gitarren einmalig ein kleines Notizblöckchen (siehe Seite 239).

27

103__Vintage
Kölsch-kulinarische Genuss-Geschenke

Ein hochbewertetes Restaurant, ein Weinhandel mit 800 Weinen, eine Kochschule mit einem der deutschlandweit größten Programme, ein Catering, das seit Jahren die Gäste der Fernsehpreis-Gala verwöhnt, dazu mit »Köln ist ein Genuss« eine kulinarische Serie kölscher Geschenkideen wie das »Salz Rut Wiess«.

Nicht fünf Firmen, sondern eine – geführt von Claudia Stern, die 24-jährig zur besten Sommelière Deutschlands gewählt worden ist: das Vintage – unlängst mit dem Deutschen Gastronomiepreis ausgezeichnet.

»Wenn Nutella auf Toast geht, muss doch auch hochwertige Schokolade auf Schwarzbrot funktionieren«, berichtet Claudia Stern, wie es 2008 zur »Köln ist ein Genuss«-Schokolade kam. Einem Praxistest wurde die Kreation bei einem Kranz Kölsch auf der »eat'n' style« unterzogen. »Ich wollte eine genussvolle Marke für Köln«, erklärt die Vintage-Geschäftsführerin, wie die Serie entstand. »Veranstalter mit Genusshintergrund sollen unter einen Hut gebracht werden und demonstrieren, dass sie ein Teil Kölns sind.«

Perfektion, genaue Abstimmung, Fachwissen, Beratung – Besucher spüren, dass diese Begriffe das wiedergeben, wofür das Vintage steht, das in einem denkmalgeschützten, vom Architekten Wilhelm Riphahn Anfang der 50er Jahre gebauten Gebäude zu Hause ist. Ihre Mitarbeiter haben laut Stern den Anspruch, aus 800 Weinen »die ideale Kombination« herauszufinden – ob zu Schokolade, Feinkost oder dem Essen im Restaurant. »Wir packen nicht nur eine Flasche Wein zum Verschenken in einen Karton, sondern bei uns gibt es das i-Tüpfelchen an Beratung und Verpackung.«

Die Sommelière stimmte die Schwarzbrot-Schokolade auf die Kölsch-Aromen ab. Kritiker loben, dass das Kölsch nach der Schokolade nicht bitter, sondern fruchtig schmecke. Grund dafür seien die gerösteten, karamellisierten Schwarzbrotkrumen, die der 70 Prozent kakaohaltigen Schokolade eine süßlich-herbe Note geben.

Adresse Hahnenstraße 37, 50667 Köln (Altstadt-Süd), Tel. 0221/920710 (Restaurant), 0221/2725996 (Genuss-Schule), www.vintage.info, E-Mail: willkommen@vintage.info | **ÖPNV** Bahn 1, 7, 12, 15, Haltestelle Rudolfplatz | **Öffnungszeiten** Mo–Sa 11–24 Uhr (Küche: Mo–Fr 12–15 und 18–23 Uhr, Sa 12–23 Uhr) | **Bonus** Bei einem Einkauf im Vintage-Weinhandel bekommen Sie gegen Vorlage dieses Buches einmalig einen »Köln ist ein Genuss«-Kochlöffel geschenkt (siehe Seite 239).

104__ Wäschehaus

5:1, Cups, Umkleiden: Dessous und der FC

5:1 – was ein seltenes Traumresultat für den 1. FC Köln ist, ist im Kölner Wäschehaus in der Apostelnstraße der Standard: Christiane Kloock bietet dort Dessous- und Bademode vom A- bis zum F-Cup an; jedes Modell, das die Inhaberin in den Körbchengrößen A bis C einmal im Geschäft hat, hängt in den Größen von D bis F gleich fünfmal auf den Kleiderstangen im Laden. »In den normalen Geschäften ist es für die Kunden immer noch schwierig, modische BHs größerer Cups zu bekommen«, weiß die Inhaberin.

Zunächst sollte das Kölner Wäschehaus, das Christiane Kloock 1989 gegründet hat, eigentlich mehr ein Fachgeschäft für ausgefallene Strümpfe werden, doch schon beim ersten Durchschauen der Kollektionen war klar: Dessous werden ein Schwerpunkt – von Beginn an mit Fokus auf das Angebot großer Cups. »Eine Nische«, wie die gelernte Immobilienkauffrau attestiert.

Kloock kann aufgrund ihrer über 20-jährigen Erfahrung sofort sehen, ob ein BH eine gute Passform hat. »Acht von zehn Frauen tragen die falsche BH-Größe.« Meistens sei bei nicht passender Wäsche der Brustumfang zu groß und der Cup zu klein. »Diese Größe habe ich doch schon immer getragen«, sei die häufigste Erklärung der Kundinnen für frühere Fehlgriffe. Der Kauf von Unterwäsche sei deshalb »sehr beratungsintensiv«.

Etwa seit dem Jahrtausendwechsel besteht indes immer mehr Unterwäsche im Angebot des 136 Quadratmeter großen Geschäfts aus hochwertiger Mikrofaser. »Dessous aus 100 Prozent Baumwolle oder Seide behalten nicht so lange ihre Passform. Und Spitze aus reiner Naturfaser ist fast nicht bezahlbar.« Sprichwörtlich unbezahlbar für Kloock und ihre Intimität schätzenden Kundinnen ist dagegen die zweite, vom Erdgeschoss nicht einsehbare Etage, die erreichbar über eine Wendeltreppe quasi komplett die laut Kloock »größte Umkleidekabine Kölns« bildet. Erneut eine Anspielung auf den 1. FC Köln.

Adresse Apostelnstraße 11a, 50667 Köln (Altstadt-Nord), Tel. 0221/2573674,
www.koelnerwaeschehaus.de, E-Mail: koelnerwaeschehaus@web.de | **ÖPNV** Bahn 1, 3, 4,
7, 9, 16, 18, Haltestelle Neumarkt | **Öffnungszeiten** Mo−Fr 10−19 Uhr, Sa 11−18 Uhr |
Bonus Ab einem Einkaufswert von 50 Euro erhalten Kunden im Kölner Wäschehaus
einmalig gegen Vorlage dieses Buches einen Preisnachlass von 5 Euro (siehe Seite 239).

105__Wasserladen

Der Kölner Gletscherbach und das Kalk-Problem

Der Wasserladen, ein Laden, der gesundes Wasser aus einem Kölner Gletscherbach verkauft? Nicht ganz falsch. Das Team des Geschäfts berät zum Thema gesundes Trinkwasser und verkauft Filter. Die Inhaberinnen Katharina Schniering und Annegret Trah haben gute Argumente für den Kauf ihrer Produkte: »Warum nicht das Leitungswasser filtern, damit Geld sparen und wirklich sauberes Wasser haben sowie damit die Umwelt schützen, weil weniger Müll produziert wird?«

Trotz der Grundfilterung der Wasserwerke könne das Leitungswasser mit Blei, Kupfer oder Medikamenten belastet sein. Die Aktivkohlefilter sollen das Leitungswasser einfach und preiswert von Schwermetallen, Pilzen, Pestiziden, Mikroorganismen und Medikamentenrückständen befreien. »Außerdem gibt es im Kölner Leitungswasser ein großes Kalk-Problem«, sagt Schniering. Auch dabei könnten Filter helfen. Allerdings halten beide Frauen nicht viel von Kannenfiltern: Diese würden leicht verkeimen und das Wasser nur von Kalk befreien, andere Stoffe blieben jedoch drin.

An der Bar im Laden schenkt Katharina Schniering aus einer Glaskanne ein. »Schmeckt doch leicht?«, fragt sie nach dem Geschmack des gefilterten und mit Edelsteinen »energetisierten« Wassers. »Wie aus einem Gletscherbach.«

Im Januar 2008 gründeten Schniering und Trah den »Raum für Entspannung«. Im Angebot: Wellness, Massagen, Beratung – und Wasserfilter. Aufgrund der Nachfrage sind Produkte rund ums Wasser mittlerweile wichtigster Bestandteil. Neben Aktivkohlefiltern gehören Umkehr-Osmose-Anlagen, Filter für basisches Aktivwasser sowie Geräte zur »Wasserbelebung« zum Angebot. Was das Filtern bewirkt, testen Trah und Schniering direkt im Laden. Dazu bringen Kunden auch ihr Leitungs- oder Trinkwasser von zu Hause mit. Dieses schmeckt nämlich in den seltensten Fällen wie frisch aus einem Gletscherbach.

Adresse Brüsseler Straße 71 (Eingang Antwerpener Straße), 50672 Köln (Neustadt-Nord), Tel. 0221/78969183, www.wasserladenkoeln.de, E-Mail: kontakt@wasserladenkoeln.de | **ÖPNV** Bahn 3, 4, 5, 12, 15, Haltestelle Friesenplatz | **Öffnungszeiten** Di–Fr 14–18.30 Uhr, Sa 11–15 Uhr | **Bonus** Ab einem Einkaufswert von 50 Euro erhalten Sie im Wasserladen einmalig gegen Vorlage dieses Buches ein Tütchen mit drei Wassersteinen (Preis 4,90 Euro) geschenkt (siehe Seite 239).

106__ Weckzeit

Zeit für Eingemachtes

Es ist Zeit zum Wecken, zum Einwecken – und zwar das ganze Jahr. Neben Pesti, Soßen, Aufstrichen und Likören kochen und verkaufen Silvia Lemaitre und Ines Breuer in der »Weckzeit« bis zu 20 verschiedene Chutneys. In Deutschland gebe es sonst niemanden, der sich so auf Chutneys spezialisiert habe, sagen die Inhaberinnen. Völlig ohne künstliche Aromen, Farbstoffe, Geschmacksverstärker und Streckmittel bereiten sie zum Beispiel das Apfel-Zwiebel-Chutney »Bovve & Unge« und den Johannisbeer-Mandel-Aufstrich »Kölle Ruut-Wiess« zu.

Bei einem Mauritius-Urlaub entdeckten Lemaitre und Breuer, die sich seit der Berufsschulzeit kennen, im Jahr 2000 ihre Chutney-Leidenschaft. »Wir haben in einer Familie gewohnt, in der die Frau oft am Herd gestanden und leckere Chutneys gekocht hat«, erinnert sich Lemaitre. Acht Jahre dauerte es, bis sie den Schritt von gut bezahlten Jobs in die Selbstständigkeit wagten. »Als wir Anfang 40 waren, haben wir gesagt: ›Entweder jetzt oder nie.‹«

Sie wollen für »reinen Genuss, außergewöhnlichen Geschmack, ausgewählte Zutaten und innovative Produkte« stehen. Statt günstigem Sonnenblumenöl benutzen sie wertvolleres Olivenöl. Der Verzicht auf Zusatzstoffe mache sie zu einem »Eldorado für Feinschmecker und Allergiker«, so Lemaitre. »Wir kaufen unsere Zutaten selbst auf dem Markt ein. Bei einem hohen Fruchtgehalt schmeckt ein Produkt von selbst lecker.« Chemie werde nur benötigt, wenn billig produziert werde.

Kleine Löffel stecken in 30 Schälchen und Gläsern, in denen gelb, braun, orange oder grün die Chutneys und Pesti leuchten. »Bei uns kaufen Sie nicht die Katze im Sack«, sagt Lemaitre und lädt zum Probieren mit Weißbrot ein. »Kunden können bei uns alles testen.« Bewusst haben sich die experimentierfreudigen Köchinnen für eine offene Schauküche entschieden. »Unsere Kunden können uns jederzeit in die Töpfe gucken.«

Adresse Berrenrather Straße 367, 50937 Köln (Sülz), Tel. 0221/94235271, www.weckzeit-koeln.de, E-Mail: info@weckzeit-koeln.de | **ÖPNV** Bahn 13, Haltestelle Berrenrather Straße/Gürtel | **Öffnungszeiten** Di–Fr 10.10–14 und 15–18.30 Uhr, Sa 10.10–15 Uhr | **Bonus** Gegen Vorlage dieses Buches erhalten Sie bei Weckzeit einmalig ein Chutney Ihrer Wahl (regulärer Preis 6,95 Euro) zum vergünstigten Preis von 4,95 Euro (siehe Seite 239).

107__Wild, Geflügel und Delikatessen Brock

Die Verteidiger des Sonntagsbratens

Seit etwa 110 Jahren gibt es »Wild, Geflügel und Delikatessen Brock«. Inhaber Hans-Georg Rochow ist der Urenkel von Geschäftsgründer Jacob Crombach. Der in vierter Generation geführte Familienbetrieb ist eine Topadresse für hochwertiges Geflügel- und Wildfleisch in Köln. Vor Feiertagen und zum Wochenende stehen die Kunden häufig Schlange vor dem Geschäft in der Apostelnstraße. Allein schon einen Besuch wert ist die denkmalgeschützte Einrichtung, die aus der Zeit der Geschäftsgründung um 1900 stammt.

»Eine Maispoularde isst man nicht am Dienstag.« Der gelernte Metzger und Koch Rochow verteidigt das Prinzip des Sonntagsbratens. Sein Credo: lieber einmal in der Woche hochwertiges, teureres Fleisch essen als täglich minderwertig produziertes, billigeres. »In diese Richtung geht seit Jahren der Trend. Dementsprechend gibt es in unseren Auslagen vor dem Wochenende im Vergleich zu Werktagen viel mehr Fleisch.«

An den mit altweißen Kacheln gefliesten Wänden hängen zahlreiche Jagdtrophäen: ausgestopfte Fasane und Rebhühner sowie kleine und größere Geweihe, mitunter so alt wie das Geschäft selbst. Der Boden im 40 Quadratmeter großen Verkaufsraum mit gekühltem Tresen ist mit beigen und braunen Fliesen ausgelegt. Die drei weißen Toledo-Waagen wurden 1932 gebaut. Vor den Waagen sind Gläser mit diversen Senfsorten aufgetürmt.

»Bei uns gibt es Spezialitäten und Produkte, die man woanders sonst kaum bekommt«, erklärt Rochow und listet auf: Bluttauben aus der Bresse, Enten aus Les Landes, Maispoularden aus dem Périgord und Schwarzfederhühner aus der Bourgogne sowie Hasen-, Reh- und Hirschkalbsfilet, Wildschwein, Stubenküken, Wachteln, Perlhühner, Kapaune. »Wer zu uns kommt, schätzt das Einkaufen in einem schönen Ambiente, isst gern gut und achtet auf Qualität.«

Adresse Apostelnstraße 44, 50667 Köln (Altstadt-Nord), Tel. 0221/2578181 | **ÖPNV** Bahn 1, 3, 4, 7, 9, 16, 18, Haltestelle Neumarkt | **Öffnungszeiten** Di–Fr 8–18.30 Uhr, Sa 8–16 Uhr

108__Wilms Metall

Wo der Dom aus Edelstahl ist und leuchtet

Bleche, Lochbleche, Platten, Profile, Stangen, Folien, Netze, Drähte, Schalen, Winkel und Kappen: so weit das Auge reicht Metalle. In diversen Formen, Qualitäten und Abmessungen liegen sie im 2.500 Quadratmeter großen Ehrenfelder Lager von Wilms Metallmarkt, der nach eigenen Angaben zu den größten des Rheinlands gehört. Ob für RTL oder Modellbauer: Das Geschäft auf der Widdersdorfer Straße ist sowohl für (industrielle) Großkunden als auch für Hobby-Handwerker in Köln erste Anlaufstelle in Sachen Metall.

»Wir konzentrieren uns nicht auf eine Metallsorte«, sagt Verkaufsleiterin Nina Wilms. Dementsprechend führt der Betrieb Artikel aus Stahl, Edelstahl, Aluminium, Rotguss, Messing, Bronze, Kupfer und Silber. Gegründet hat die Firma 1992 Christa Wilms. Sie führt das Familienunternehmen mit 22 Mitarbeitern.

»Wir verkaufen alles direkt aus unserem 2.500 Quadratmeter großen Lager an die Endverbraucher – ohne Mindestabnahme.« Für alle Kunden schneiden die Mitarbeiter das gewünschte Metall zu, lochen, stanzen und prägen individuell Bleche, kanten ab. »Jeder Kunde kann zu uns kommen. Selbst wenn er nur Material für zwei Euro sucht«, so Nina Wilms. »Er bekommt sein Metall genau so, wie er es benötigt. Wir fertigen von Kleinstmengen bis hin zu Großserien für fast jeden Einsatz das passende Material.«

80 Seiten ist der Katalog stark: Bei den Silberstahl-Rundstangen können Kunden beispielsweise zwischen 52 verschiedenen Durchmessern auswählen – von 1 bis 40 Millimetern. Die kleinsten Rundlochungen haben einen Durchmesser von 0,5 Millimetern, die größten einen Durchmesser von 50 Millimetern. Selbst einen Dom-Nachbau aus Edelstahl bietet Wilms zum Kauf an. Für die Kneipe »Linde« in Widdersdorf entwarf die Firma eine Lampe in Form der Kathedrale. Die 40 Zentimeter große Leuchte gehört seitdem zum Sortiment.

Adresse Widdersdorfer Straße 215, 50825 Köln (Ehrenfeld), Tel. 0221/546680, www.wilmsmetall.de, E-Mail: mail@wilmsmetall.de | **ÖPNV** Bahn 13, Haltestelle Weinsbergstraße/Gürtel; S-Bahn S12, S13, Haltestelle Köln-Müngersdorf/Technologiepark | **Öffnungszeiten** Mo–Fr 8–18 Uhr, Sa 9–13 Uhr | **Bonus** Gegen Vorlage dieses Buches erhalten Sie bei Wilms Metall einmalig die Dom-Lampe zum vergünstigten Preis von 75 Euro statt regulär 89 Euro (siehe Seite 239).

109 — Zigarrenmanufaktur La Galana

Inspiriert von Hemingways Kapitän

Ihre erste Zigarre rauchte Annette Meisl auf Kuba, in der letzten Nacht des Jahres 1999, auf der Veranda des damals 102-jährigen Gregorio Fuentes. Der frühere Kapitän von Ernest Hemingway hatte den Literaturnobelpreisträger zu dem Roman »Der alte Mann und das Meer« inspiriert. »Fuentes genoss in einem Schaukelstuhl wippend eine Zigarre zu einem Rum. Im Hintergrund Gitarrenklänge und Meeresrauschen. Diese Magie, dieses Genießen des Moments wollte ich mit nach Köln nehmen«, erinnert sich Meisl und gründete 2006 eine Zigarrenmanufaktur in Ehrenfeld.

Vergilbte Fotos an den Backsteinwänden, ein schwarzes Klavier, eine Bar und eine Glasvitrine mit Zigarren: Im Hinterzimmer des Ladens auf der Venloer Straße arbeiten drei Zigarrendreherinnen. Die Kubanerin Silvia Hernandez ist eine der Torcedoras. Sie sitzt vor einem kleinen Holzpult, schnappt sich unterschiedlich lange fermentierte Tabakblätter und formt mit flinken Fingern aus Einlage, Umblatt und Deckblatt die Marken »Clásica« und »Privado«. 300 Handgriffe sind es am Ende des Produktionsprozesses gewesen. »Beim Zigarrendrehen braucht man viel Fingerspitzengefühl und Erfahrung«, sagt Meisl. Sonst könne fast alles schiefgehen. »Die Zigarre kann zu fest oder zu locker gedreht sein. Sie kann zu viel oder zu wenig rauchen oder schief abbrennen. Oder das Deckblatt kann reißen.«

Den Criollo- und Corojo-Tabak aus kubanischer Saat lässt sie aus Nicaragua einfliegen. »Die Blätter aus dem berühmten Tabakanbaugebiet Jalapa sind milder als Tabak aus Kuba«, erklärt die Chefin von La Galana, was auf Spanisch so viel heißt wie »die Elegante« oder »Gentlewoman«, wie es die Sängerin und ausgebildete Dolmetscherin Meisl übersetzt. Als Frau eine Zigarre zu rauchen sei ein Zeichen ihres Selbstbewusstseins. »Einfach Frau sein und genießen.« Wie einst auf der Veranda von Gregorio Fuentes auf Kuba.

Adresse Venloer Straße 213–215, 50823 Köln (Ehrenfeld), Tel. 0221/8000923, www.zigarren-manufaktur.de, E-Mail: info@zigarren-manufaktur.de | **ÖPNV** Bahn 3, 4, Haltestelle Piusstraße | **Öffnungszeiten** Mo–Sa 9–20 Uhr und nach Vereinbarung | **Bonus** Gegen Vorlage dieses Buches schenkt Ihnen (unter Nachweis der Volljährigkeit) die Zigarrenmanufaktur La Galana zum Probieren einmalig zwei handgedrehte Zigarillos (siehe Seite 239).

110__Zimt & Rosen
Riechen, schmecken, genießen

Ajowan, Anis, Kardamom, Minze, Zimt: Über 100 Gewürze gibt es bei Zimt & Rosen, Kölns erster Gewürz-Adresse. Inhaberin Johanna Dohle-Laghdir garantiert Frische und Topqualität: »Wir bekommen die Gewürze, die bei uns täglich im Einsatz sind, mehrmals im Monat frisch geliefert.« Wöchentlich beköstigt das neunköpfige Team Hunderte Personen mit orientalischen Büfetts. Koriander ist ausschließlich im Fünf-Liter-Eimer vorrätig, so häufig wird er verwendet.

Es riecht nach Minze. Im Hintergrund klappern Teller. An der Decke hängen Tüten mit Muskatblüten-Salz. In einer Theke liegen Couscoussalat, Mandeln, Rosinen sowie Hähnchenkeulen mit Honig-Senf-Ingwer-Soße. An einem marokkanischen Tisch, eingedeckt mit orientalischen Teegläsern, unterhalten sich zwei Studentinnen. Der Kellner serviert das Essen in Tonschälchen. Zimt & Rosen ist Gewürzladen, Gewürzschule, orientalisch-mediterraner Partyservice und Bistro.

Ihre Leidenschaft fürs Kochen und für Gewürze führte dazu, dass Dohle-Laghdir ihr Geschäft im Dezember 2001 eröffnete. Zuvor hatte die gelernte Drogistin und »Stadt-Anzeiger«-Redakteurin jahrelang nebenbei die Feiern ihrer Kollegen mit Büfetts versorgt. »Die orientalische Küche hat mich schon immer fasziniert.« Deshalb auch ihr Geschäftsname. »Zimt ist mein Lieblingsgewürz, das viel in der orientalischen Küche benutzt wird.« Und mit Rosen werde im Orient oft dekoriert.

Rösten, mahlen, mixen, mörsern: Zimt & Rosen kreiert auch Mischungen. Sie entstehen unter anderem bei Seminaren, auf denen Dohle-Laghdir über Gewürze informiert. »Zimt ist zum Beispiel desinfizierend und hustenlösend. Ingwer stärkt das Immunsystem.« Welches Gewürz auch immer, Dohle-Laghdir hält nichts davon, große Mengen zu Hause zu haben, die dort schnell ihr Aroma verlieren. »Wir geben die Gewürze frisch in kleinen Mengen ab. Unsere Kunden können an ihnen riechen, sie schmecken.«

Adresse Berrenrather Straße 137, 50937 Köln (Sülz), Tel. 0221 / 4500114, www.zimt-und-rosen.de, E-Mail: info@zimt-und-rosen.de | **ÖPNV** Bahn 18, Haltestelle Arnulfstraße | **Öffnungszeiten** Di–Fr 10–19 Uhr, Sa 10–16 Uhr | **Bonus** Gegen Vorlage dieses Buches erhalten Sie bei Zimt & Rosen einmalig eine hausgemachte Gewürzmischung zum vergünstigten Preis von 3,90 Euro statt regulär 5,90 Euro (siehe Seite 239).

111 Zoo & Samen Loeser

Kölns Papageien-Geheimnis

Hedwig Loeser ist *die* Expertin für Ziervögel: Ob es um eine Diät oder um die Pflege der gefiederten Lieblinge geht – die Geschäftsführerin von Zoo & Samen Loeser ist die richtige Ansprechpartnerin. Tierärzte empfehlen die erfahrene Züchterin, wenn es um Fragen zu Wellensittichen und Kanarien geht. Loeser kennt sogar das Geheimnis der Kölner Papageien (eigentlich Sittiche) und weiß, wie es kam, dass seit den 60er Jahren Schwärme der Exoten die Parks der Domstadt unsicher machen.

In ihrem Geschäft unweit des Rudolfplatzes bietet Hedwig Loeser mit ihrem Mann Adolf seit 1976 neben Kleintieren auch Nahrung und Zubehör für diese an – vom Katzenbaum über Terrarien und Aquarien bis zum Käfig. Derzeit züchtet sie Wellensittiche und Kanarienvögel. »Schon als Kind habe ich junge Vögel, die aus dem Nest gefallen waren, mitgenommen und aufgezogen.«

Heute bietet die Expertin selbst gemischtes Futter an, kalorien-, proteinreich oder mit vielen Kohlenhydraten. »Futter nach speziellen Bedürfnissen aus Samen und Kernen zusammenstellen, das können die meisten Zoohändler nicht mehr.« Loeser ist schon mit den exotischsten Wünschen konfrontiert worden. Ob Tukane oder Gebirgsloris – es gibt quasi nichts aus der Vogelwelt, womit die einstige Auszubildende bei Samen Wissinger noch nicht zu tun hatte.

Der Star im Laden ist folglich ein Vogel: Gelbhaubenkakadu Olli genießt die Aufmerksamkeit der Besucher, die oft nur wegen ihm kommen.

Apropos. Wohl fühlen sich in Köln auch Hunderte Halsbandsittiche und Große Alexandersittiche. Leider, meint Loeser, und lüftet das Herkunftsgeheimnis. Transportkisten aus Holz seien im Zoo oder bei einem Züchter in Zoonähe umgestürzt. »In ihrer Heimat in Asien gibt es knüppelharte Winter und heiße Sommer, in denen sie fast nichts zu fressen finden. Die Sittiche fühlen sich in Köln wie im Schlaraffenland.«

Adresse Am Rinkenpfuhl 46, 50676 Köln (Altstadt-Süd), Tel. 0221 / 2404091, www.zoo-loeser.de, E-Mail: zoo-loeser@netcologne.de | **ÖPNV** Bahn 1, 7, 12, 15, Haltestelle Rudolfplatz | **Öffnungszeiten** Mo, Di, Do, Fr 9.30–13 und 15–18.30 Uhr, Mi 9.30–14 Uhr, Sa 10–14 Uhr

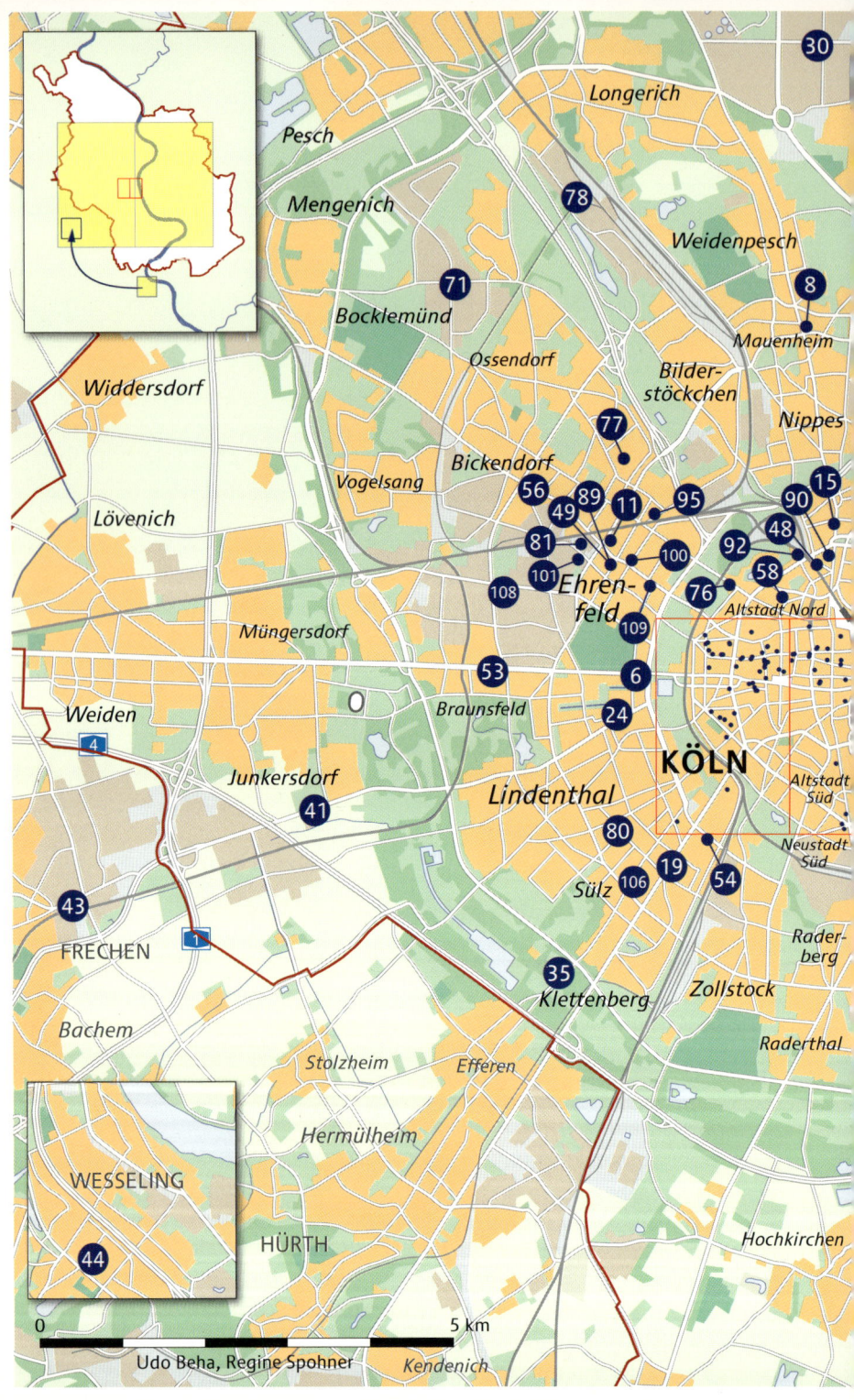

Pesch

Longerich

30

Mengenich

Weidenpesch

78

Bocklemünd

71

8

Mauenheim

Widdersdorf

Ossendorf

Bilder-
stöckchen

Nippes

Vogelsang

Bickendorf

77

90 15

Lövenich

56

89

11

95

48

49

92

58

81

100

108

101

Ehren-
feld

76

Altstadt Nord

Müngersdorf

109

6

KÖLN

Braunsfeld

24

Weiden

4

Altstadt
Süd

Junkersdorf

41

Lindenthal

80

Neustadt
Süd

43

Sülz

106

19

54

FRECHEN

1

35

Rader-
berg

Bachem

Klettenberg

Zollstock

Raderthal

Stolzheim

Efferen

Hermülheim

Hochkirchen

WESSELING

44

HÜRTH

0   5 km

Udo Beha, Regine Spohner

Kendenich

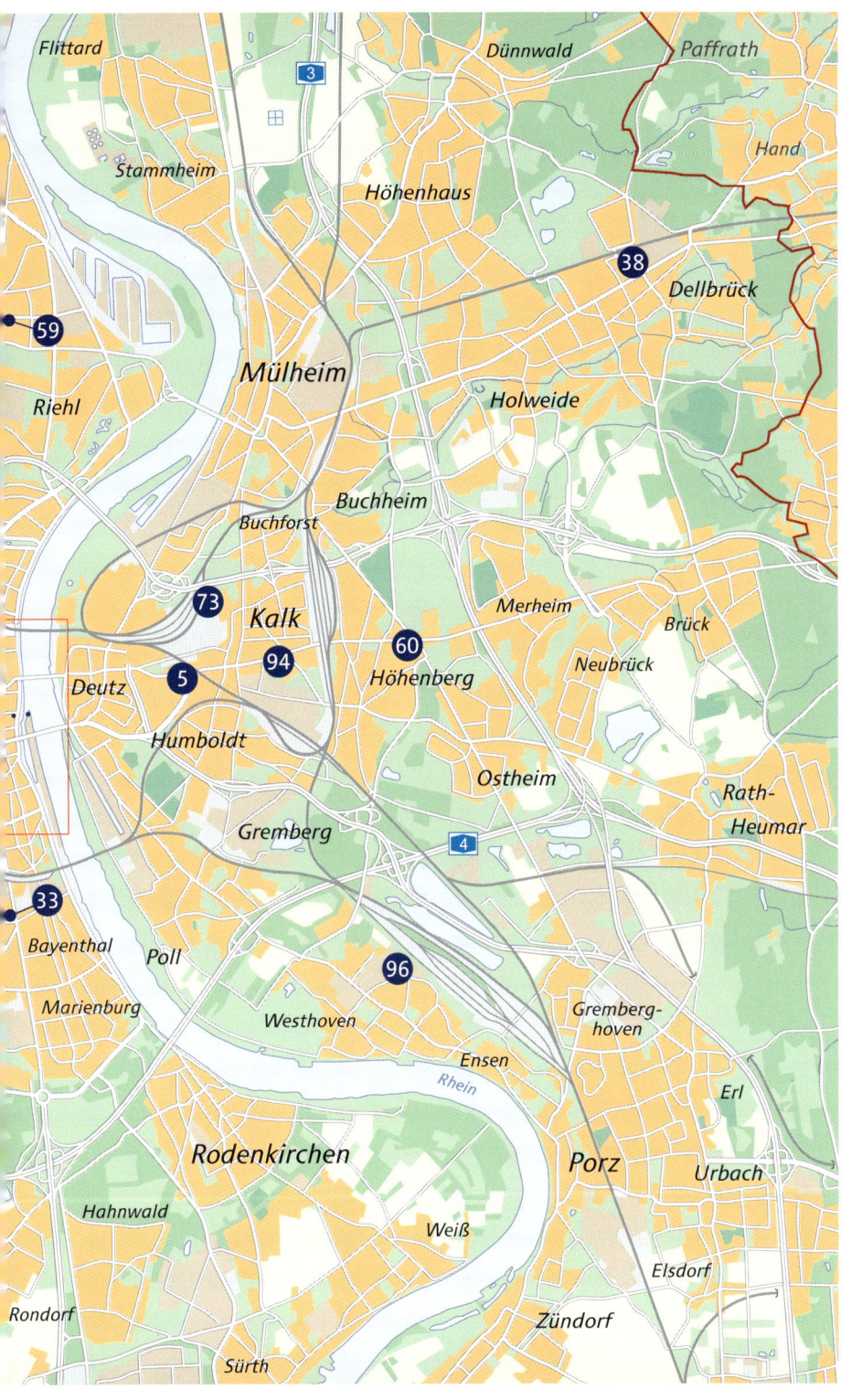

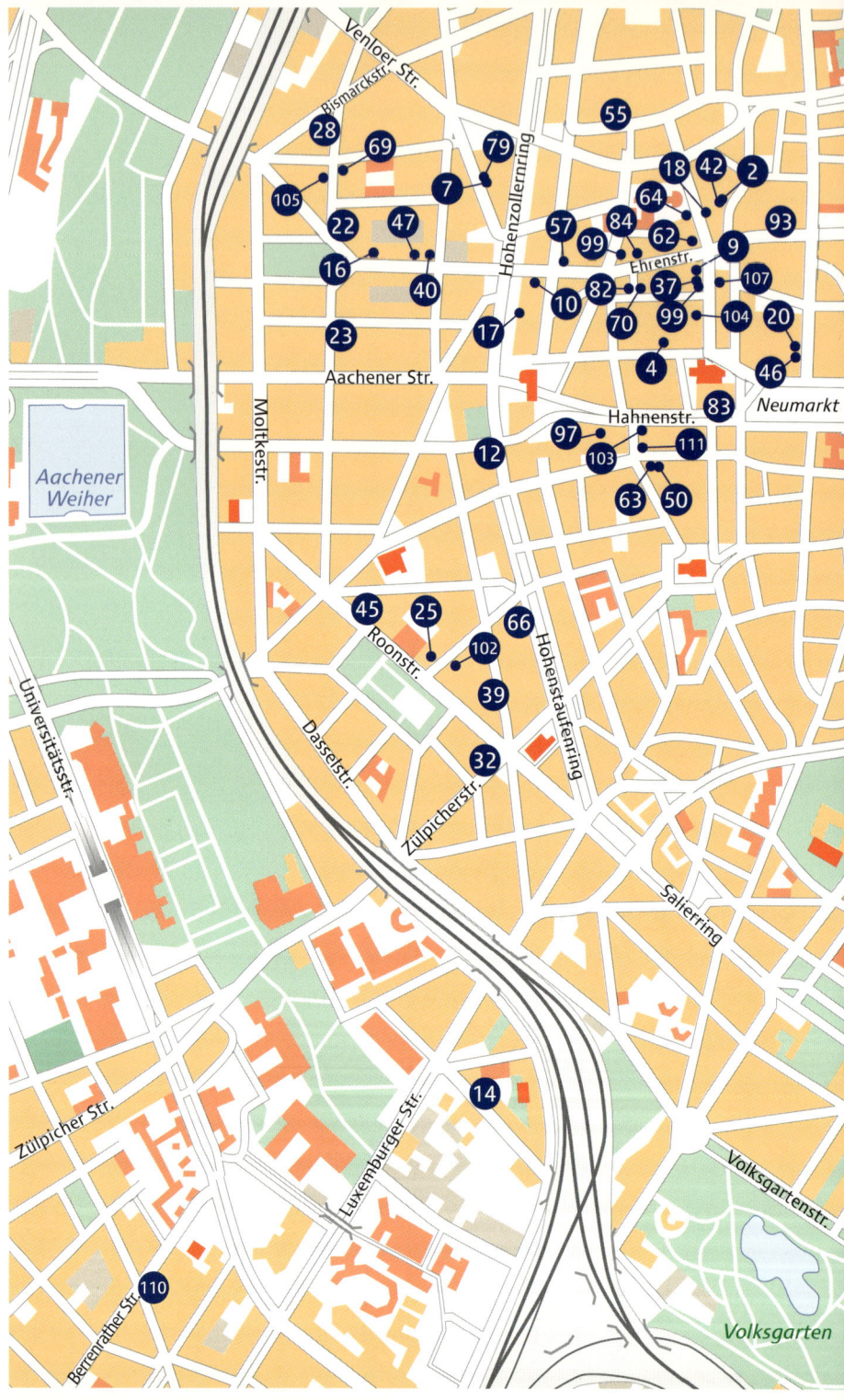

Udo Beha, Regine Spohner

Bonus einlösen!

1__4711-Traditionshaus	2__5qm-Tapeten	3__Antik & Trödel Café
Stempel/Unterschrift	Stempel/Unterschrift	Stempel/Unterschrift
5__Arena-Tankstelle	6__Asia Supermarkt Heng Long	7__Australia Shopping World
Stempel/Unterschrift	Stempel/Unterschrift	Stempel/Unterschrift
8__Auto Strunk	9__Bäckerei Balkhausen	10__Bäckerei Zimmermann
Stempel/Unterschrift	Stempel/Unterschrift	Stempel/Unterschrift
11__Balloni	13__Besteckhaus Glaub	14__Bilderbuch Köln
Stempel/Unterschrift	Stempel/Unterschrift	Stempel/Unterschrift
15__Boulangerie Epi	16__Boutique Frau Kayser	17__Buch Gourmet
Stempel/Unterschrift	Stempel/Unterschrift	Stempel/Unterschrift
18__Buchhandlung Bittner	19__Cadenhead's Whisky Market	20__Cappelleria
Stempel/Unterschrift	Stempel/Unterschrift	Stempel/Unterschrift
21__»Chocolat« im Schokoladenmuseum	22__Cleanicum	23__Contasbrasil
Stempel/Unterschrift	Stempel/Unterschrift	Stempel/Unterschrift
24__Cool Pets Paradise	25__Dedicated	26__Deiters
Stempel/Unterschrift	Stempel/Unterschrift	Stempel/Unterschrift
27__Delikatessen Hoss	28__Droom / Design Your Room	29__Eier- und Käse-König
Stempel/Unterschrift	Stempel/Unterschrift	Stempel/Unterschrift

30__Emmaus	31__English Shop	32__Entlarvt
Stempel/Unterschrift	Stempel/Unterschrift	Stempel/Unterschrift
33__Estilo Argentino	34__Farina-Haus	36__Festtruhe
Stempel/Unterschrift	Stempel/Unterschrift	Stempel/Unterschrift
37__Filz Gnoss	38__Fotografie Joachim Rieger	39__Le Fou
Stempel/Unterschrift	Stempel/Unterschrift	Stempel/Unterschrift
40__Franta	41__Geliebte Möbel	42__Gliss Caffee Contor
Stempel/Unterschrift	Stempel/Unterschrift	Stempel/Unterschrift
43__Goldpony	45__Green Guerillas	46__Gummi Grün
Stempel/Unterschrift	Stempel/Unterschrift	Stempel/Unterschrift
47__Hack Lederware	48__Haushaltswaren Balke	49__Herrenbude
Stempel/Unterschrift	Stempel/Unterschrift	Stempel/Unterschrift
51__Historische Senfmühle	52__Honig Müngersdorff	53__Hörgeräte Lorsbach
Stempel/Unterschrift	Stempel/Unterschrift	Stempel/Unterschrift
54__Hülden Schrauben	55__John Crocket	56__Kaffee Schamong
Stempel/Unterschrift	Stempel/Unterschrift	Stempel/Unterschrift
57__Käsehaus Wingenfeld	58__Klosterfrau Melissengeist	59__Kölner Maßkleidungsmanufaktur
Stempel/Unterschrift	Stempel/Unterschrift	Stempel/Unterschrift
60__Konditorei Klüppelberg	61__Der Korbmacher	62__Kunstbuchhandlung Walther König
Stempel/Unterschrift	Stempel/Unterschrift	Stempel/Unterschrift

63__Kunst und Antiquitäten Mauro Corradino	64__Labbé Kinder-Bastelladen	66__Landkartenhaus Gleumes
Stempel/Unterschrift	Stempel/Unterschrift	Stempel/Unterschrift
67__Lengfeld'sche Buchhandlung	68__Leuengold	69__Madame Miammiam
Stempel/Unterschrift	Stempel/Unterschrift	Stempel/Unterschrift
71__Markenglas	73__Music Store	75__Naturmetzgerei Hennes
Stempel/Unterschrift	Stempel/Unterschrift	Stempel/Unterschrift
76__o.k.-Versand	77__Olive E Più	78__Orden Kappes
Stempel/Unterschrift	Stempel/Unterschrift	Stempel/Unterschrift
79__Palgrave Clubsessel	80__Parlez-vous Gourmet?	81__Parma-Delikatessen
Stempel/Unterschrift	Stempel/Unterschrift	Stempel/Unterschrift
82__Pattevugel	83__Peter Heinrichs	84__La Porcelaine Blanche
Stempel/Unterschrift	Stempel/Unterschrift	Stempel/Unterschrift
85__Postkartenladen	86__Printen Schmitz	87__Puppenklinik Joyce Merlet
Stempel/Unterschrift	Stempel/Unterschrift	Stempel/Unterschrift
89__rock-it-baby	90__Rum Kontor	91__Sailing Office
Stempel/Unterschrift	Stempel/Unterschrift	Stempel/Unterschrift
93__Schirm Bursch	94__Schlechtrimen	95__SSK
Stempel/Unterschrift	Stempel/Unterschrift	Stempel/Unterschrift
96__Stollwerck Werksverkauf	97__Subcouture	98__Taj Mahal Textilien
Stempel/Unterschrift	Stempel/Unterschrift	Stempel/Unterschrift

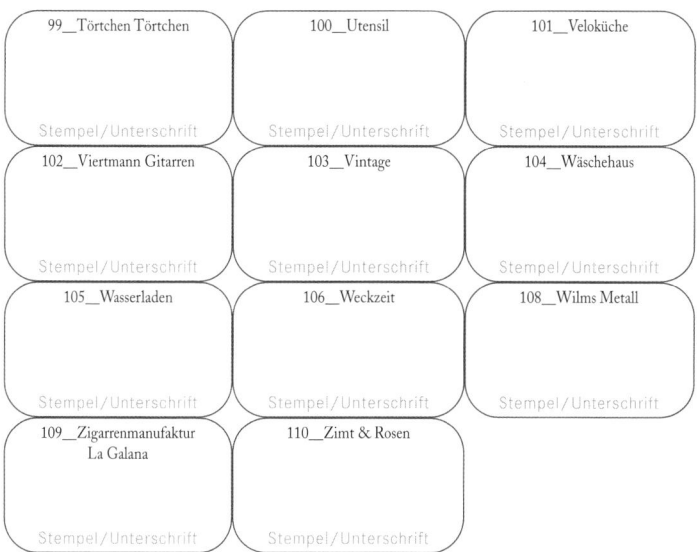

99__Törtchen Törtchen	100__Utensil	101__Veloküche
Stempel/Unterschrift	Stempel/Unterschrift	Stempel/Unterschrift
102__Viertmann Gitarren	103__Vintage	104__Wäschehaus
Stempel/Unterschrift	Stempel/Unterschrift	Stempel/Unterschrift
105__Wasserladen	106__Weckzeit	108__Wilms Metall
Stempel/Unterschrift	Stempel/Unterschrift	Stempel/Unterschrift
109__Zigarrenmanufaktur La Galana	110__Zimt & Rosen	
Stempel/Unterschrift	Stempel/Unterschrift	

Bedingungen der Bonus-Aktionen

Die im Buch enthaltenen Bonus-Aktionen (Gratis-Geschenke und Preisnachlässe) verpflichten ausschließlich das die Gratis-Geschenke und Preisnachlässe versprechende Unternehmen. Alle versprechenden Unternehmen haben sich dem Herausgeber gegenüber verpflichtet, die Bonus-Aktionen zu jeweils angegebenen Bedingungen einzulösen. Der Herausgeber übernimmt keine Haftung, wenn eine Bonus-Aktion vom versprechenden Unternehmen nicht oder schlecht erfüllt wird oder nicht erfüllt werden kann (weil zum Beispiel der jeweilige Vorrat nicht mehr reicht). Dies gilt insbesondere bei Inhaberwechsel, Geschäftsauflösung, Insolvenz und so weiter. Es haftet ausschließlich das versprechende Unternehmen.

Sofern nicht vom versprechenden Unternehmen ausdrücklich anderes erklärt, ist der Zeitraum der Bonus-Aktionen vom 01. September 2012 bis zum 31. Dezember 2014.

Die Bonus-Aktionen sind innerhalb des vorgenannten Zeitraums je Bonus-Aktion nur einmalig einlösbar und gelten lediglich für den Ersterwerber des Buches und nur einmalig je Bonus-Aktion und nur in Verbindung mit dem kompletten Buch. Das Einlösen des Bonus wird vom jeweiligen Unternehmen durch den Firmenstempel bestätigt und der Bonus damit entwertet.

Die Bonus-Aktionen sind nicht auf Sonderangebote und bereits preisreduzierte Artikel anwendbar, nicht mit anderen Gutscheinen, Rabatten und Gratis-Artikeln (auch nicht mit einem zweiten Exemplar dieses Titels) kombinierbar und auf Grund der gesetzlichen Bestimmungen nicht für Bücher und Geschenkgutscheine einsetzbar. Eine Barauszahlung der Bonus-Aktionen ist nicht möglich. Gleiches gilt für nachträgliche Anrechnung. Auf die Bonus-Aktion ist jeweils vor Inanspruchnahme derselben hinzuweisen. Es gelten die besonderen Bedingungen der versprechenden Unternehmen. In bestimmten Fällen sind Bonus-Aktionen an bestimmte Mindesteinkaufswerte geknüpft.

Hinweise für kommende Auflagen dieses Buches

Kölsche Tradition pur, größte Auswahl oder einzigartiges Konzept? Kennen Sie besondere Geschäfte in Köln, die wir in diesem Buch oder in der koeln.de-Serie »Einzigartig Einkaufen« noch nicht porträtiert haben? Schreiben Sie uns doch bitte Ihre Vorschläge und begründen Sie kurz in ein, zwei Sätzen, warum es sich Ihrer Meinung nach dabei um im wahrsten Sinne des Wortes einzigartige Geschäfte handelt. Schreiben Sie uns bitte auch, falls Sie Fehler in diesem Buch entdeckt haben. Mitunter war es vor allem bei bereits seit Jahrzehnten oder gar Jahrhunderten existierenden Geschäften nicht immer möglich, deren Geschichte mit allen bisherigen Inhabern lückenlos zu rekonstruieren.

Alle Anmerkungen senden Sie bitte an: sebastian.reichert@koeln.de.

Der Autor

Sebastian A. Reichert, 1978 in Niedersachsen geboren, hat als Journalist mehrere Jahre in Köln gelebt – und auch gern eingekauft. Sein Schwerpunkt als Autor und Redakteur sind Reportagen; besonders gern schreibt der Diplom-Journalist über Sportthemen abseits reiner Ergebnisberichterstattung. www.newsportsjournalism.de